Claudia Weidmann

Stickend durchs Jahr: Meditativ, entspannend und dekorativ

Sticken

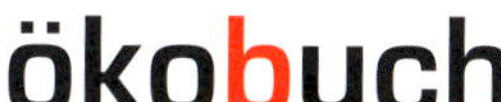

Claudia Weidmann studierte Lehramt Mathematik und Chemie, schulte dann um zur Informatikerin. Sie war viele Jahre IT-Leiterin in einem mittelständischen Unternehmen. Schon früh entdeckte sie für sich das Handarbeiten– v.a. Stricken, Häkeln und Sticken– als ideale Möglichkeit des Abschaltens nach einem anstrengenden Berufstag. Sie begann, viele eigene Modelle und Motive zu entwerfen.

Feedback zu diesem Buch gerne an: sticken.claudia@web.de

Die real gestickten Motive entsprechen nicht in allen Fällen 100% der Stickvorlage (Stickvorlage wurde noch optimiert). Die Farben des angegebenen Sticktwists entsprechen drucktechnisch bedingt nicht 100% den Farben in der Stickvorlage.

Bibliografische Information der Deutschen Nationalbibliothek

Die Deutsche Nationalbibliothek verzeichnet diese Publikation in der Deutschen Nationalbibliografie; detaillierte bibliografische Angaben sind im Internet unter http://dnb.d-nb.de abrufbar.

ISBN 978-3-947021-23-9

1. Auflage 2021
© ökobuch Verlag GmbH,
Königstr. 43, 26180 Rastede
E-Mail: verlag@oekobuch.de
http://www.oekobuch.de

Druck: Grafisches Centrum Cuno, Calbe

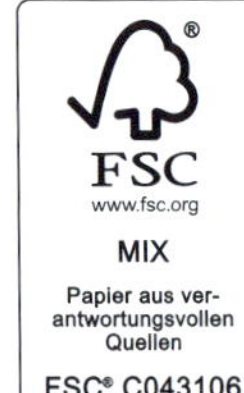

Unsere Bücher werden nach höchsten Ansprüchen an Nachhaltigkeit und Ökologie produziert und wir optimieren ständig weiter:

- Papiere und Pappen sind FSC® oder PEFC™ zertifiziert
- Druckfarben auf Pflanzenölbasis
- Druckplattenbelichtung komplett chemiefrei
- Klebstoffe lösungsmittelfrei
- 100% Öko-Strom bei Druck und Bindung
- Müllvermeidung und Recycling bei der Produktion
- kurze Wege, gedruckt in Deutschland

Bildnachweis
Shutterstock: Seite 11 (Tapete) 1take1shot, Seite 26 Trudy Wilkerson, Seite 28 adamikarl, Seite 30 Attasit saentep, Seite 32 foto-select, Seite 34 LedyX, Seite 36 Christian Mueller, Seite 38 AnastasiaSi, Seite 40 Gill Copeland, Seite 42 MS555, Seite 46 S_Photo, Seite 48 fon.tepsoda, Seite 52 Thomas Stockhausen, Seite 54 Landrausch, Seite 56 Flas100, Seite 58 lunamarina, Seite 60 barmalini, Seite 62 pokku, Seite 64 Patio, Seite 66 p_ponomareva, Seite 68 nnattalli, Seite 70 Jurga Jot, Seite 72 Christopher Moswitzer, Seite 74 yuris, Seite 78 Edita Medeina, Seite 80 Haidamac, Seite 82 Ordinary On, Seite 84 Neirfy, Seite 86 Marina VN, Seite 88 stocktech78, Seite 90 Volker Rauch, Seite 94 Oikeo Projects, Seite 96 ranmaru, Seite 98 Anjo Kan, Seite 100 Didecs
Seite 6: Wikimedia Commons, https://de.wikipedia.org/wiki/Datei:Macke_-_Stickende_Frau.jpg
Seite 8: Creative Commons, Städtische Museen Tangermünde, https://st.museum-digital.de/singleimage.php?imagenr=23483, © Corrie Leitz, historias
Seite 9: Wikimedia Commons, https://commons.wikimedia.org/wiki/File:Georg_Friedrich_Kersting_-_Die_Stickerin_-_1._Fassung.jpg
Fotos Seite 44 und Seite 92: Margret Lenschow
Alle gestickten Motive fotografiert von Svenja Sonntag.
Alle weiteren Fotos von der Autorin.

Inhalt

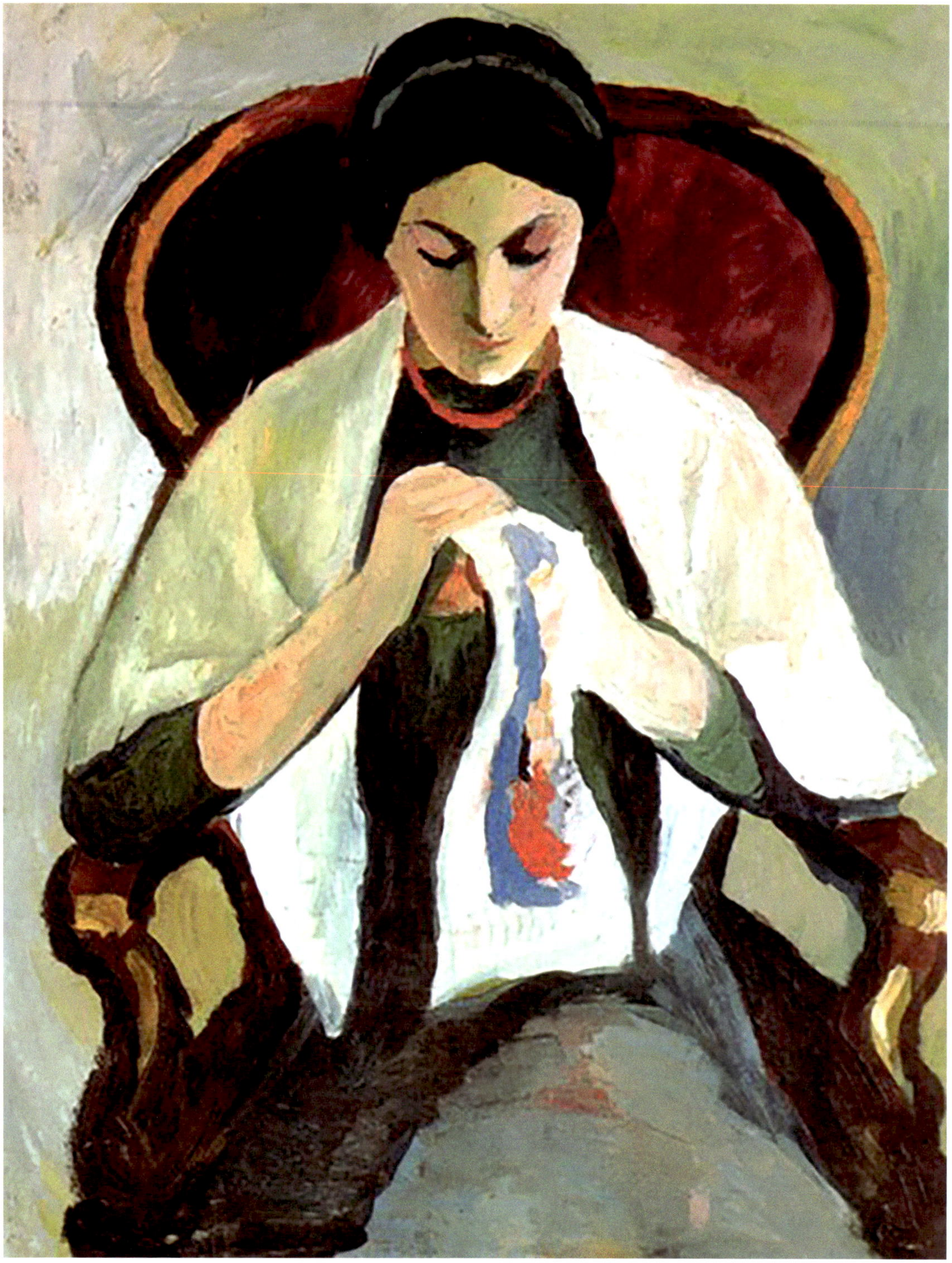

Stickende Frau im Sessel (Gemälde von August Macke, 1909)

Sticken als Hobby zur Sammlung und Entspannung

Handarbeiten sind für mich schon von Jugend an unverzichtbar gewesen. Wir durften im Mädchengymnasium sogar während des Unterrichts stricken, weil auch die Lehrer bemerkt hatten, dass wir dadurch konzentrierter und ruhiger dem Unterricht folgen konnten. Wir konnten alle blind stricken, konnten also trotzdem auf die Tafel schauen.

Bis vor einigen Jahren hatte ich nur gestrickt und gehäkelt bis ich schließlich zur Stickerei kam. Meine Schwiegermutter hatte mir nach ihrem Tod eine unvollendete Stickerei hinterlassen, die ich ihr zu Ehren zu Ende brachte.

Ich stellte dabei fest, wie beruhigend, ja fast meditativ das Sticken ist. Besonders der Kreuzstich besticht durch seine einfache und fast monotone Nadelführung – jeder Einstich ist durch den Zählstoff und das Zählmuster vorgegeben. Man konzentriert sich darauf, dem Zählmuster stoisch zu folgen, Hinreihe – Rückreihe, fünf nach rechts, fünf nach links, so dass allein der Fadenwechsel eine Unterbrechung darstellt. Der Kopf wird frei, man kann an nichts anderes denken, d. h. man wird nicht an etwas anderes denken, sondern konzentriert sich allein auf die Aufgabe, ein Bild mit Nadel und Faden zu malen. Mit jeder Stunde wird das Bild vollständiger, der Erfolg ist sicher, denn man kannte das Bild, das entstehen soll, ja durch das Zählmuster schon vorher. Ein wenig ist es so wie Malen nach Zahlen, oder Mandala-Malen, ich persönlich finde aber das Sticken bereichernder.

Der Kreuzstich ist die einfachste Art der Stickerei, neben Plattstich, Kettenstich oder anderen Sticharten. Dafür aber auch der Stich, bei dem man am besten entspannen kann. Die Möglichkeiten der Darstellung eines Motivs mit dem Kreuzstich werden immer größer und wirklichkeitsnäher, je größer das Bild ist, das entstehen soll. Will man zum Beispiel ein reales Pferd sticken mit 2 x 2 mm großen Kreuzen (also kleinsten Mosaiksteinchen, oder Pixeln), so wird es sehr viel lebensnaher aussehen, wenn ich es mit 250.000 Kreuzen auf 1 x 1 m sticke oder wie in diesem Buch mit 2.000 Kreuzen auf 10 x 10 cm. Die Motive müssen daher einfach gehalten sein. Darum habe ich mich bemüht.

Sticken, eine uralte Tradition

„Malen mit der Nadel", nannten schon die Römer die Kunst der Stickerei. Als Handwerk ist Sticken aber noch viel älter. Bereits in der Frühzeit diente der Kreuzstich dazu, Tierhäute oder Pelze fest miteinander zu verbinden. Als sich der Wandel zur textilen Bekleidung vollzog, entwickelte sich der simple Kreuzstich allmählich zu einer farbigen und fantasievollen Möglichkeit, Stoffe dekorativ zu verschönern. Die ältesten bestickten Kleidungsstücke entstanden vor rund 7.000 Jahren in China, Ägypten und Südamerika und zeigten oftmals Figuren von Menschen und Tieren. Bei den Römern und später in der arabischen Kultur zierten kunstvolle Stickereien die Gewänder hochgestellter Persönlichkeiten.

Bestickte Stoffe aus dem Orient waren bald auch in Europa begehrt und galten als Zeichen des Wohlstands. In mittelalterlichen Werkstätten und Klöstern, zunächst in Italien, später auch in Westeuropa wurde das Sticken professionell betrieben, wobei zuweilen aufwändige Kunstwerke entstanden. Das berühmteste Beispiel ist der 68 Meter lange Teppich von Bayeux, der im 11. Jahrhundert überwiegend im Kettenstich bestickt wurde und Bild für Bild die Eroberung Englands durch die Normannen darstellt – somit die erste (?) grafic novel. Vorherrschend blieb allerdings die dekorative Stickerei, mit der vor allem Kleidung und andere Stoffe für adelige oder kirchliche Würdenträger veredelt wurden. Oft wurden dabei Perlen, Elfenbein oder Goldfäden eingearbeitet, und längst war der traditionelle Kreuzstich um Techniken wie Kloster-, Hexen-, Ketten-, Fischgräten- oder Blattstich ergänzt worden.

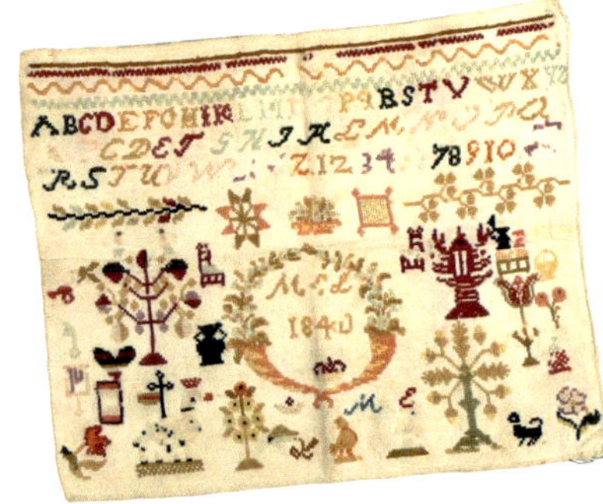

Auch für den Hausgebrauch verbreitete sich das Sticken nach und nach, blieb allerdings zunächst Frauen aus dem Adel oder dem wohlhabenden Bürgertum vorbehalten. In Heimarbeit verschönerten sie vor allem Tischtücher und Hauben. Im 16. Jahrhundert kam die „Weißstickerei" in Mode, auch „Dresdner Stickerei" genannt. Durch Verwendung ausschließlich weißer Fäden wurde dabei das schwierigere Klöppeln nachgeahmt.

In der frühen Neuzeit geriet die Stickerei zeitweise fast in Vergessenheit. Erst in der Epoche des Biedermeiers Anfang des 18. Jahrhunderts erlebte sie eine Renaissance und wurde nun zunehmend als Freizeitbeschäftigung populär. Mutter und Töchter einer Familie fanden sich oft zum gemeinsamen Sticken zusammen. Das Sticken hatte seinen festen Platz im Handarbeitsunterricht der Schulen. Im 18. und 19. Jahrhundert gehörte das Anfertigen wenigstens eines Mustertuches (Bild links) im Kreuzstich zu den Pflichten eines jungen Mädchens. Oft stickten sie dort ihre Initialen und das Datum mit ein. Die Bettwäsche wurde mit dem Namen oder den Initialen bestickt, um die Wäsche z. B. beim gemeinsamen Bleichen auseinanderhalten zu können.

Mit der Technik des Gobelinstichs wurden Wandbilder gestaltet oder Kissenbezüge dekoriert, es wurden Kleider veredelt oder mit Kreuzstichen Leinenstoffe für Bettbezüge oder

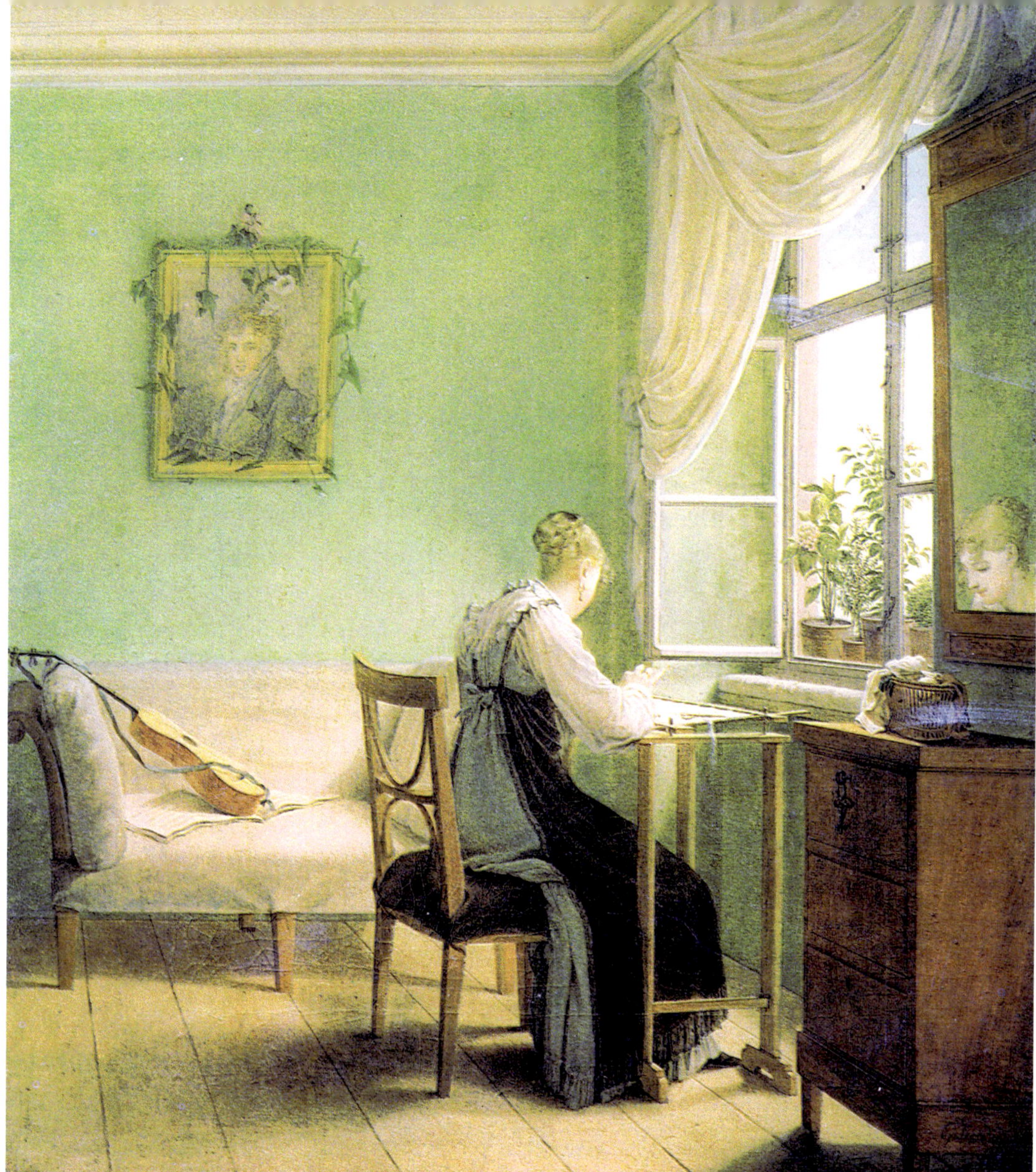

Die Stickerin (Gemälde von Georg Friedrich Kersting, 1812)

Tischdecken verschönert. Inzwischen gab es dafür auch gedruckte Musterbücher, die Vorlagen für Ornamente oder Figuren lieferten. Beliebt waren Spiralranken und Blumenarrangements mit Klee, Disteln und Rosen. Hinzu kamen geometrische Muster wie Rhomben und stark stilisierte Formen von Bäumen, Früchten oder Tieren.

Auch für eher nüchterne Zwecke wurde die Stickerei bald genutzt: Vereine und Unternehmen nutzten dieTechnik, um filigrane Motive in Logos und Wappen umzusetzen. Längst geschieht dies nicht mehr in Handarbeit, sondern maschinell, und die gekauften Abzeichen werden auf Hemden oder Shirts nur noch aufgenäht oder -gebügelt.

Als Hobby aber hat sich das handwerkliche Sticken bis heute erhalten und erfreut sich wieder zunehmender Beliebtheit – als ebenso kreative wie entspannende Tätigkeit.

Der Kalender

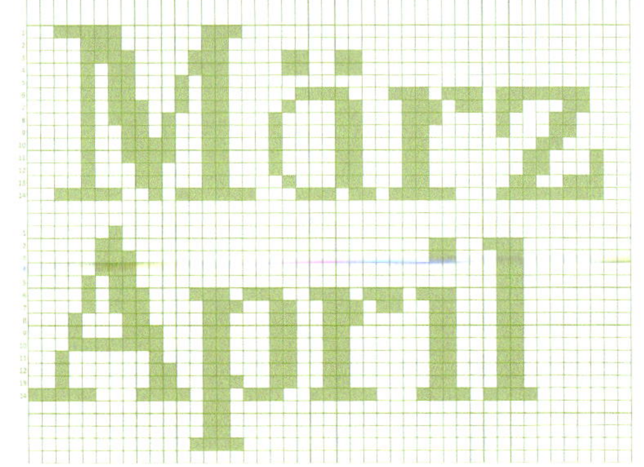

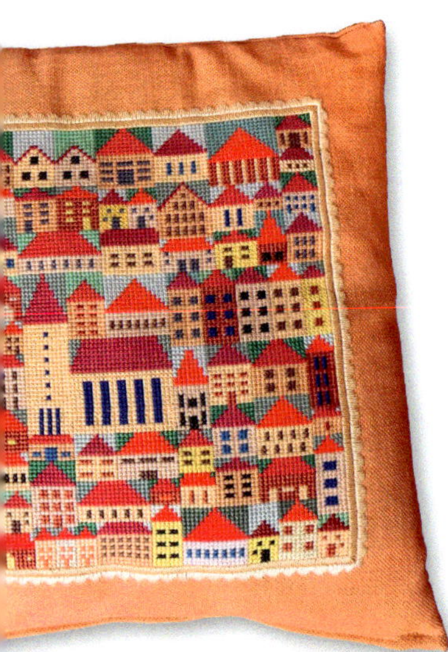

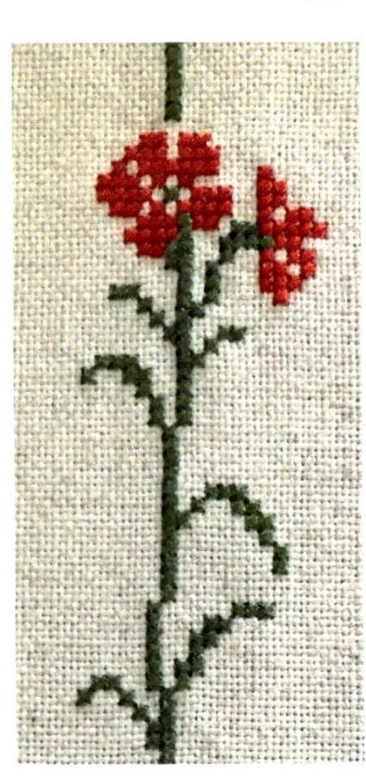

Nachdem ich Unmengen von Kissen, Tischläufern und Tischdecken mit dem Kreuzstich bestickt hatte, brauchte ich fürs Sticken eine neue Idee – und kam auf den Wandkalender. Wir hatten bis dahin immer in der Küche einen Wandkalender aus Papier hängen, auf dem wir Geburtstage eingetragen haben, Termine und Urlaube, und da dachte ich mir, an dieser Stelle könnte doch auch ein ewiger Kalender hängen, die Geburtstage bleiben schließlich gleich, also sticke ich die Namen ein (Geburtstage in rot, Todestage in schwarz). Aber was tun mit den wechselnden Wochenenden oder den beweglichen Feiertagen wie Ostern und Pfingsten? Und wie soll man dort auf Stoff Termine eintragen?

Das mit den Wochenenden war schnell gelöst: Ein roter langer Wollfaden taucht am Samstag aus dem Hintergrund auf verläuft an den Datumszahlen vorbei und verschwindet am Sonntag wieder bis er beim nächsten Samstag wieder auftaucht. Mit einer groben Nadel ist das schnell gemacht. Oben und unten bleibt der Faden einfach lose im Hintergrund hängen. In jedem Jahr ziehe ich die Fäden einfach wieder heraus und ziehe sie neu ein.

Die Termine („18:00 Skat bei Uschi" / „Urlaub bis 14.09.") schreibe ich auf Klebeetiketten (37 x 12 mm) und klebe sie auf den Tag. Dort bleiben sie gut haften und sind trotzdem am Tag nach dem Termin leicht wieder abzulösen.

Für die festen Feiertage sticke ich das Datum rot (z. B. die 25 vom Dezember). Die beweglichen Feiertage markiere ich wie die Wochenenden, statt mit einem roten Wollfaden mit einem blauen.

Aber am meisten Freude macht das Sticken der dekorativen Monatsbildchen, oberhalb der 12 Monate. Ich biete diese drei Reihen an: Blumen, deren Blüte auf den Monat fällt, Essbares aus dem Garten und allgemeine Monatsschnappschüsse. Selbstverständlich können Sie die drei Reihen auch mischen und sich jeweils das schönste Monats-Motiv aussuchen. Oder Sie entwerfen sich ein eigenes Bild: Die Anleitung dazu finden Sie am Ende des Buches.

Das Sticken eines solchen Wandkalenders dauert ziemlich lange? Ja, das stimmt. Aber Sie wissen ja: Der Weg ist das Ziel. Und da kann der Weg (Sticken) nicht weit genug vom Ziel (Kalender) entfernt sein.

Falls Sie dennoch lieber klein anfangen wollen oder keinen Platz haben für den großen Wandkalender: Wählen Sie eine der im folgenden gezeigten Deko-Ideen aus, und füllen Sie sie mit den Motiven, die Ihnen am besten gefallen.

Und jetzt sei noch erwähnt, dass der Kalender problemlos waschbar ist: in der Waschmaschine bei 60 Grad.

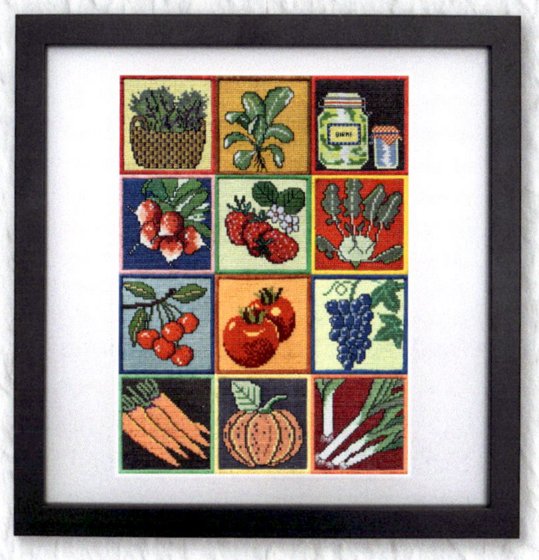

Deko-Ideen

* Sie könnten 12 beliebige Bildchen sticken, in der Anordnung wie links gezeigt, schön rahmen und an die Wand hängen. Schneiden Sie den Stoff – nach dem Sticken – in der Größe des Rahmens zu, ketteln ihn und verdecken Sie den Rand mit einem Passepartout.

* Sie könnten einzelne Bildchen in 10 x 10cm-Bilderrahmen aufhängen. Damit das Bild mit Stoff in den Rahmen passt, muss man das Gestickte zum Schluss genau entlang des gestickten Perlgarn-Rahmens vorsichtig abschneiden. Vorher einmal noch ordentlich glattbügeln. Dann passt es genau in so einen 10 x 10cm-Rahmen.

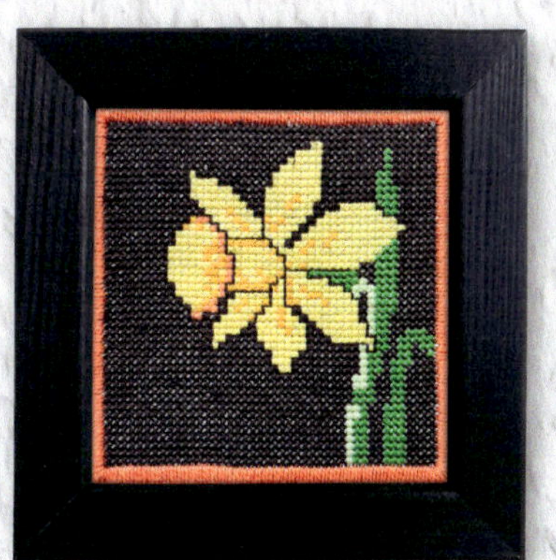
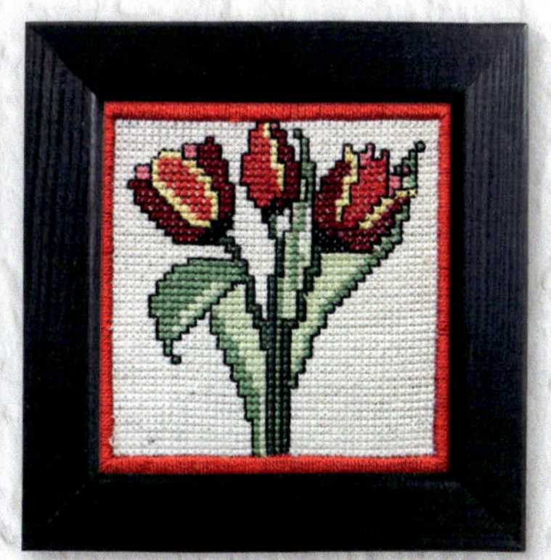
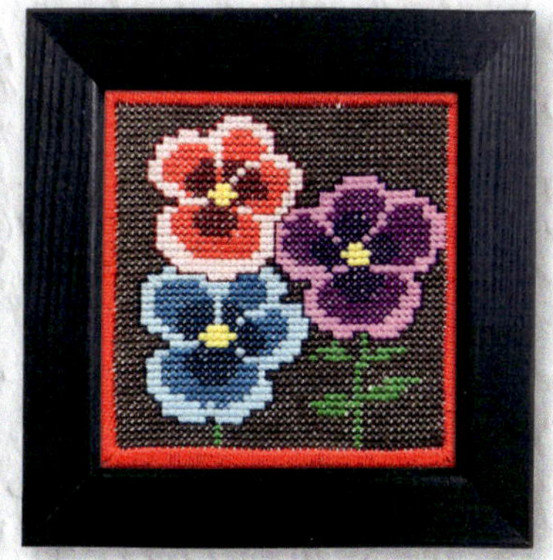

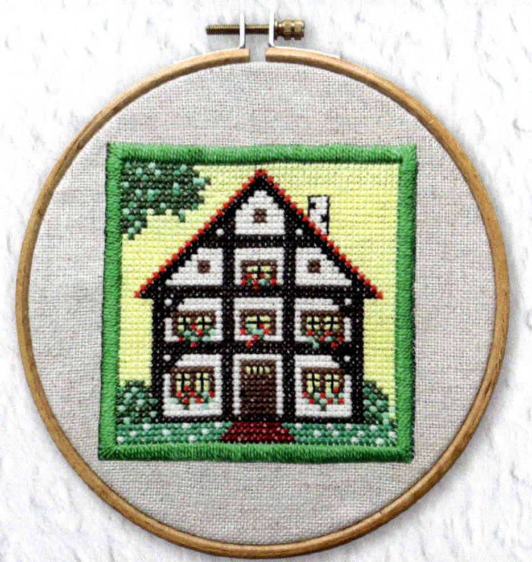

* Statt in einen Holzrahmen, könnten Sie die Bildchen auch in einem Stickrahmen (ist auch nicht teurer als die kleinen Holzrahmen) an die Wand hängen. Dazu das Bild in den Stickrahmen einspannen und mit einem Filzstift die Kreislinie ziehen, wo es abgeschnitten werden muss. Dann wieder herausnehmen und entlang der Filzstiftlinie den Stoff innerhalb der Kreislinie ketteln. Erst dann den Stoff abschneiden (nicht zu knapp!). Jetzt kann man das Bild wieder fest einspannen und an die Wand hängen. Schön sehen mehrere solcher Stick-Ringe in einem Kreis arrangiert aus.

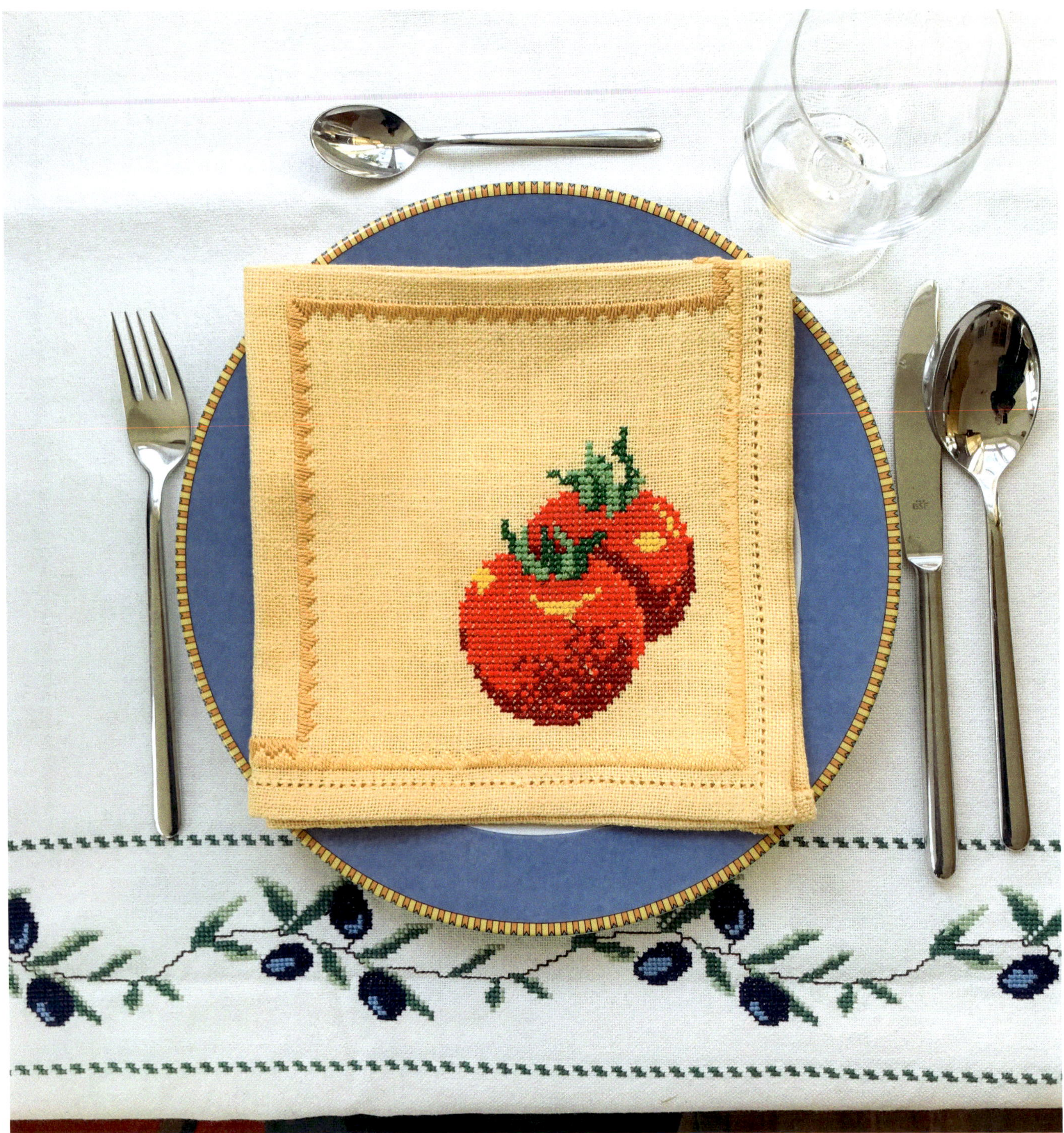

* Sie könnten die Gemüsemotive auf Servietten sticken. Ich habe hier gelben Zählstoff gewählt. Die Fadendichte ist frei wählbar, aber Aida-Stoff eignet sich hier nicht.

* Sie könnten aus dem Zählstoff einen Notizbuchumschlag nähen (vorher mit Zeitungspapier ein Probe-Modell zuschneiden) und das Cover mit einem Motiv aus diesem Buch mit Name darunter schmücken. Das ist auch eine gute Geschenkidee.

* Sie könnten eine Stofftasche mit einem Band aus Motiven schmücken, indem Sie die Motive auf einem Zählstoffstreifen nebeneinander aufsticken und diesen dann auf die Tasche aufnähen. Oder die ganze Tasche aus Zählstoff nähen und besticken. (Vorher besticken, dann nähen)

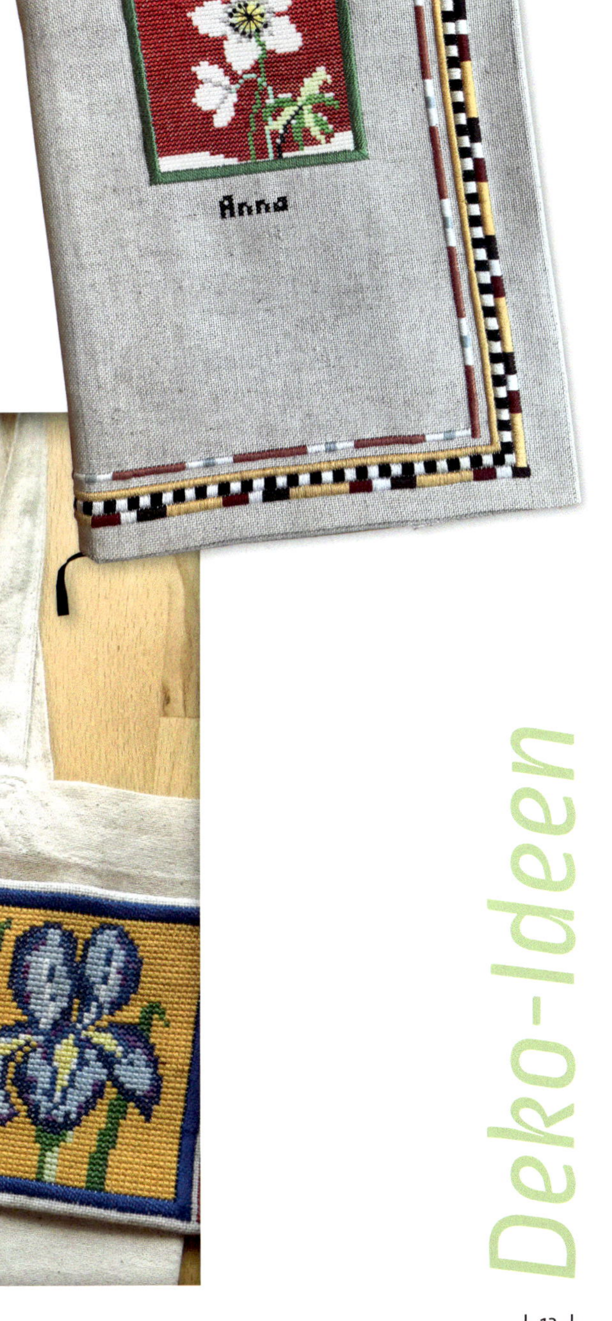

Deko-Ideen

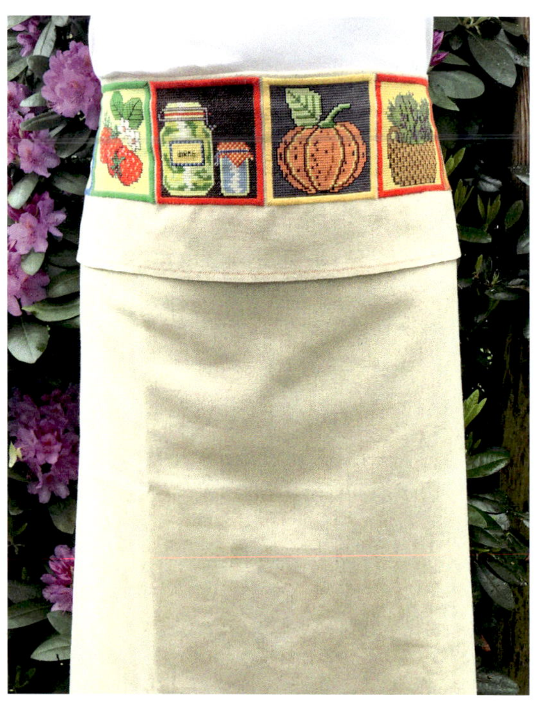

- Sie könnten eine Küchenschürze aus Zählstoff nähen und üppig mit den Motiven aus dem Garten verzieren. Oder auf eine bestehende Schürze die Motive aufnähen.

- Sie könnten Ihre Jeans (oder die Ihrer Tochter) aufhübschen. Dazu in einer Jeans ein Quadrat ausschneiden, genau in der Größe, die ihr Bildchen hat. Das Bildchen selbst sollte noch 2 cm Stoffrand haben und gekettelt sein. Nun mit Stecknadeln feststecken und mit Nadel und Faden fixieren. Wenn es nicht geflickt und ausgefranst aussehen soll, können Sie das Motiv auch einfach aufnähen, auf dem Bein oder der Jeanstasche, ohne ein Loch zu schneiden. Dazu muss man verfahren wie oben bei den Holzbilderrahmen beschrieben.

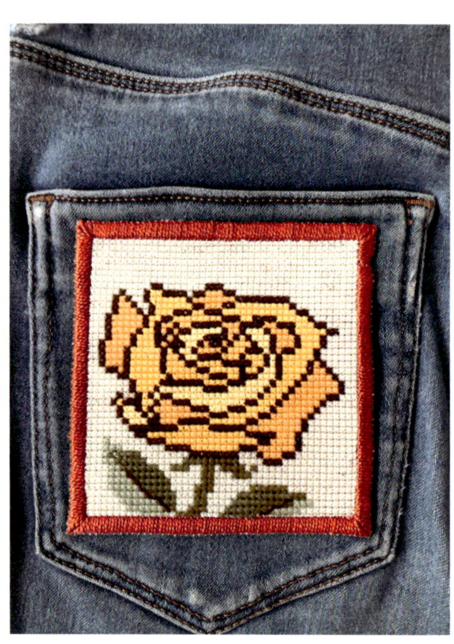

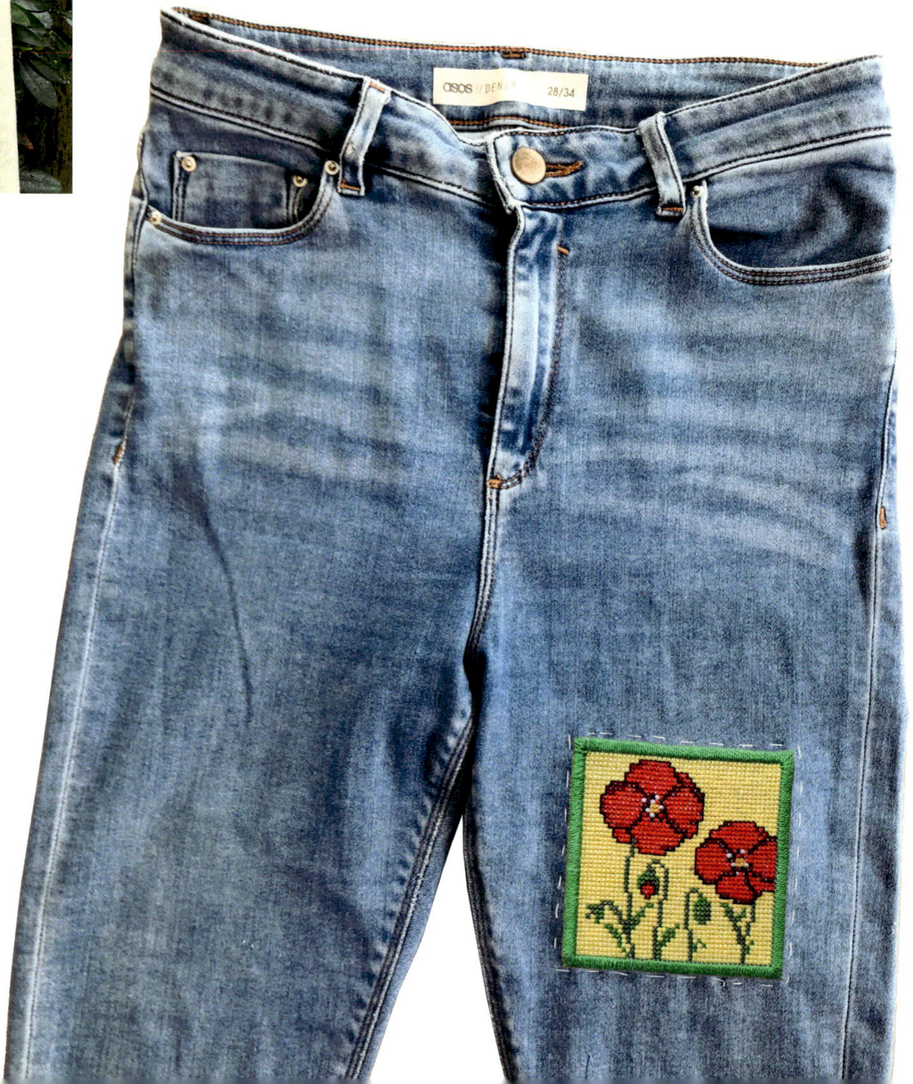

* Oder eben **den ganzen Kalender** sticken, incl. der Tageszahlen und Geburtstage:

Start mit dem Kalender

Wenn Sie den Stoff zugeschnitten haben, sollten Sie ihn sofort mit der Nähmaschine ketteln. Er franst sehr leicht aus.

Mit einem Minenbleistift der Härte 2B lassen sich die groben Strukturen des Kalenders gut vorzeichnen (es gibt im Handarbeitsladen auch sog. Trickmarker, deren Striche verschwinden mit der Zeit von selbst). V.a. die genaue Größe der Bildchen sollte vorgezeichnet werden. Fangen Sie mit der Platzierung des kompletten Januar auf dem Stoff an: jeweils 2 Fäden für die Kreuze: 3-44-3 (3 Kreuze für den Rahmen – 44 für das Bild – 3 für den Rahmen) oder in Fäden ausgedrückt: (6-88-6). Zeichnen Sie so die Rahmung des Januar komplett ein, von oben nach unten (ohne die Monatszahlen, nur die Striche). Wenn Sie sich in der Platzierung vertan haben, können Sie das jetzt noch gut korrigieren.

Dann können Sie mit dem Sticken beginnen. Am besten oben links. Dafür für den Perlgarnrahmen, der als letztes um das Bildchen gestickt wird, oben 6 Fäden und links 6 Fäden freilassen.

So gehen Sie Monat für Monat vor. Sie werden sehen, wie befriedigend das ist, Monat für Monat einen Kalender wachsen zu sehen.

Beenden des Kalenders

Besorgen Sie sich im Baumarkt eine Holzstange mit dem Durchmesser 1,5 cm und sägen Sie die Stange so zu, dass Sie 2 Stangen à 1,40 Meter haben. Der Kalender wird nun zunächst links und rechts umgenäht. Dann wird der Stoff oben und unten so umgenäht, dass die Stangen üppig durchpassen, z.B. 3 cm. Nun die Stangen einführen, 2 Nägel im passenden Abstand (in der Breite des Kalenders, z.B. 1,28 Meter) in die Wand nageln und die Stange einfach über die Nägel legen.

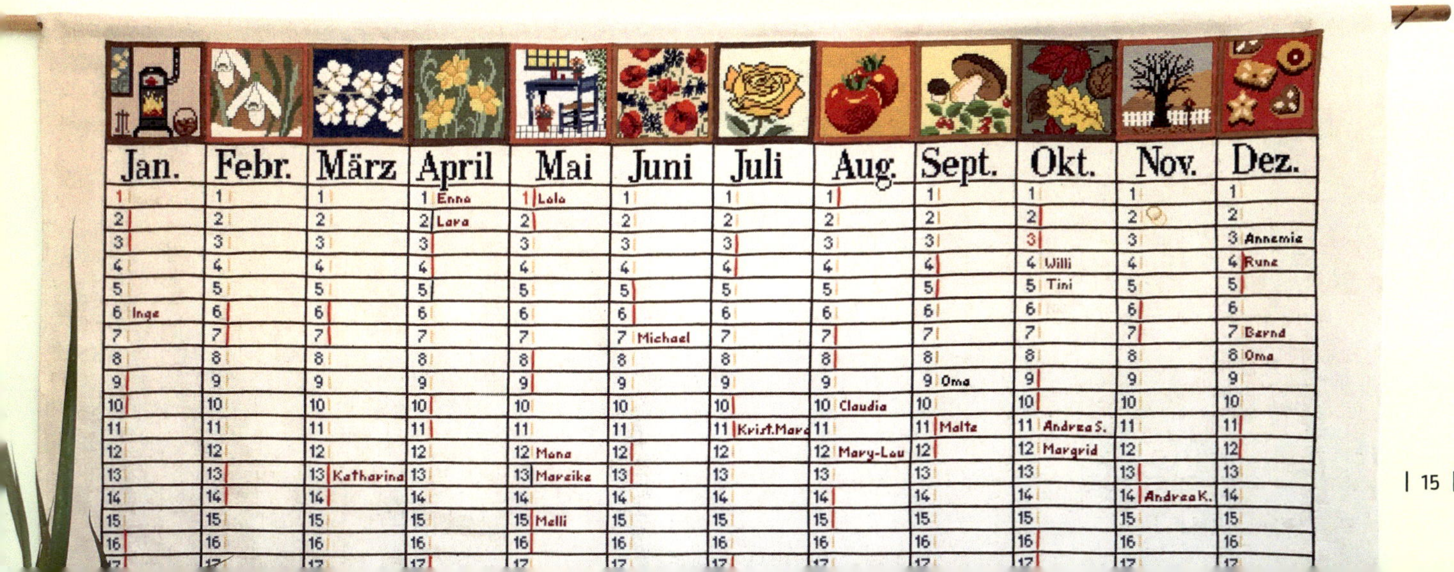

Geeignetes Material

Der Stoff

Den Kreuzstich stickt man auf sogenanntem Zählstoff. Die Fadenführung ist grob (der Kalender ist berechnet mit einem Stoff, bei dem 1 Faden = 1 mm breit ist) und in beiden Richtungen gleichmäßig gewebt, so dass 2 Fäden x 2 Fäden = 2 x 2 mm = 1 Kreuz ergeben.

Denken Sie daran, dass der Kalender nur oben bei den Bildchen vollständig überstickt ist, nicht aber im Hauptteil der Darstellung der Tage. Deshalb sollte Ihnen der Stoff farblich und von der Beschaffenheit her gefallen. Leinen oder Baumwolle eignet sich hier am besten. Hier sehen Sie den von mir gewählten Stoff (Sandfarben, leicht meliert, Baumwolle.)

Es gibt auch Aida-Stickstoff, der leichter zu besticken ist (extra für Kreuzstich gemacht).

Der sieht so aus: die Einstechpunkte sind genau vorgegeben, was v. a. für Anfänger einfacher zu überblicken ist, da man nicht über 2 Fäden zählen muss.

Für den ganzen Wand-Kalender (der DIN-A0 groß ist) benötigen Sie eine Fläche von 1,40 x 1,00 Meter (das gilt für den oben beschriebenen 1mm-Stoff).

Wenn Sie den Stoff zugeschnitten haben, sollten Sie ihn sofort mit der Nähmaschine ketteln. Er franst sehr leicht aus.

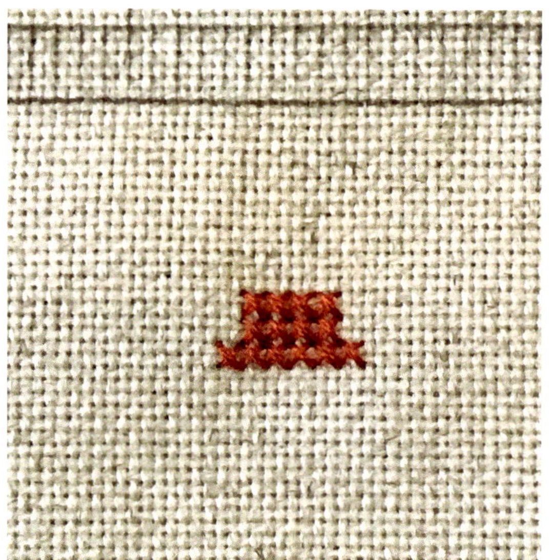

Zählstoff 10-fädig.
Die Bildchen werden 10 x 10 cm groß.

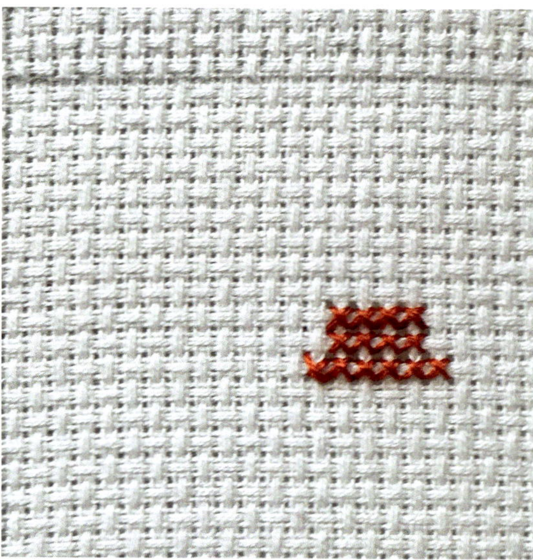

Aida-Stickstoff: 54 Kreuze auf 10 cm.
Die Bildchen werden 9,26 cm groß.

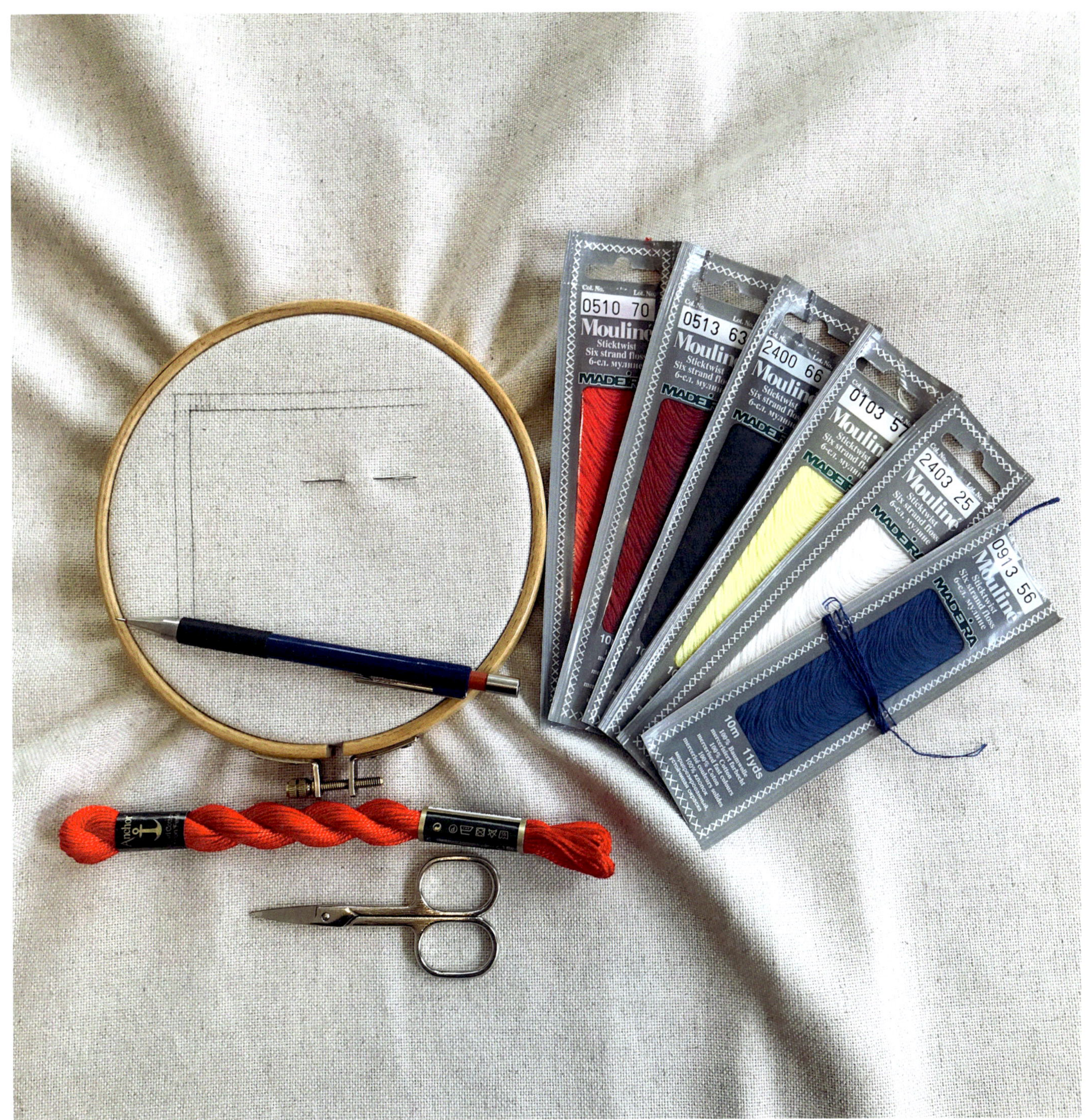
0510 70
0513 63
2400 66
0103 57
2403 25
0913 56
Sticktwist
10m 11yds

Die Nadel

Verwenden Sie eine möglichst dünne **stumpfe** Sticknadel der Größe 22.

Der Faden

In jedem Handarbeitsgeschäft gibt es Stickgarn zu kaufen. Ich selbst bevorzuge das Garn „Madeira-Mouline-Sticktwist". Durch die Spirallagerung in den vor Verschmutzung schützenden Folien ist das Garn leicht herauszuziehen, und übrig gebliebene Fäden können direkt um die Folie zurückgewickelt werden, so dass man den Faden jederzeit wieder seiner Farbnummer zuordnen kann.

Gestickt wird mit 2-fädigem Garn. In einem Strang sind 6 Fäden, die man in 3 mal 2-fädige teilt.

Verbrauch

In einem Mouline Sticktwist-Päckchen sind 10 Meter 6-fädiges Garn, bei 2-fädigem Sticken sind das also 30 Meter. Mit 1 Meter Garn (6-fädig) kann man ca. 270 Kreuze sticken, das wäre ein Quadrat von ca. 3 x 3 cm. So können Sie nach der Wahl der Motive ungefähr ermitteln, wie viele Päckchen Sie von jeder Farbe benötigen. (Achtung: die Fadenpäckchen von Anchor enthalten nur 8 Meter 6-fädiges Garn).

Man bekommt diesen Mouline-Sticktwist in Handarbeitsläden (leider nicht in allen) oder im Internet.

Eine der Online- Bestellmöglichkeiten ist:

https://www.stickhand.de/handarbeitsgarne/mouline-sticktwist/in-farbkarten-reihenfolge.html

Die Kontur

Viele der Motive habe ich mit dem Steppstich umrandet, meist in schwarz. Das ist nicht unbedingt erforderlich. Das Motiv sieht auch ohne diese Kontur gut aus. Ich sticke diesen Stich aber gern, deshalb habe ich ihn eingefügt. Wenn Sie die Kontur sticken, bitte immer ganz am Schluss, wenn sonst alles andere fertig ist. Die Farbe der Kontur wird mit einem * an der Farbe markiert.

Rahmen um die Stickbilder

Der Rahmen um die Motivbildchen ist mit Perlgarn Nr 5 (=die Stärke des Fadens) gestickt. Wählen Sie die Farben selbst aus. Ich habe immer darauf geachtet, dass nicht zwei nebeneinanderliegende Monatsbildchen die gleiche Rahmenfarbe haben. So wird es bunter. Oder Sie wählen grundsätzlich dieselbe Farbe, wenn Sie es weniger bunt mögen.

Der Perlgarnfaden wird nicht geteilt. Es wird, nicht – wie beim Kreuzstich – in jeden 2. Stofffaden eingestochen, sondern in **jeden**. So ist der Rahmen lückenlos. (Siehe Stickkurs)

Bevor Sie beginnen

Schneiden Sie einen ca. 50 cm langen Faden des Stickgarns ab. Je länger der Faden, desto seltener der Fadenwechsel (gut), aber desto öfter auch ein vertüddelter Faden (schlecht). Sie werden die beste Länge für sich herausfinden.

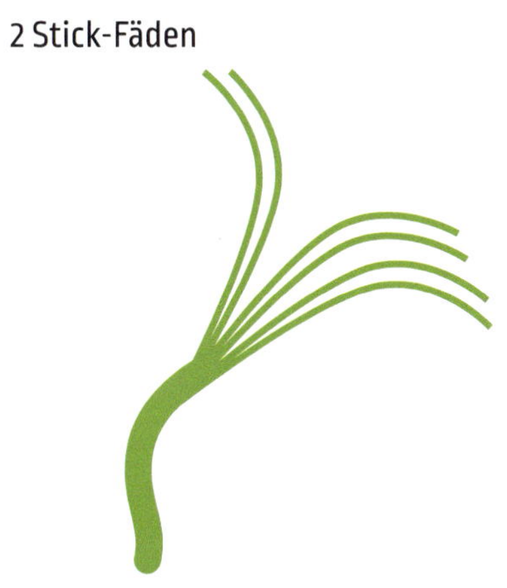

Das Stickgarn besteht aus 6 Fäden, wir sticken aber nur mit 2 davon. Also zwei Fäden absondern und dann mit dem Finger trennen. (Die anderen 4 Fäden für später aufbewahren). Fädeln Sie den Faden in eine stumpfe Sticknadel ein und beginnen Sie, einen Knoten ans Ende des Fadens zu knüpfen.

Der Knoten

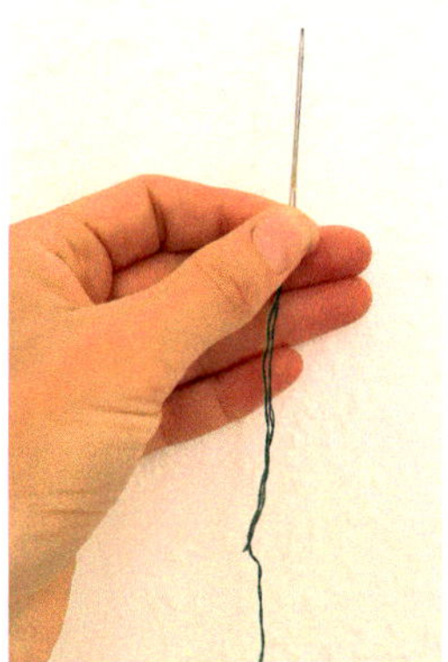

Machen Sie einen Mehrfachknoten am Ende des Fadens. So geht das am schnellsten: eingefädelte Nadel zunächst so halten

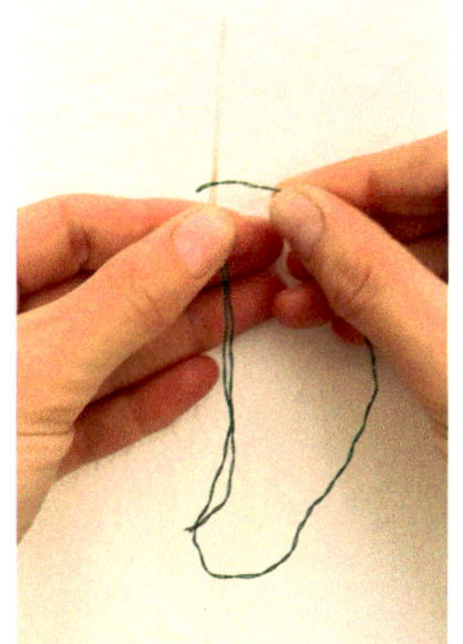

Das Fadenende mit der linken Hand zur Nadel führen und mit dem Daumen festhalten

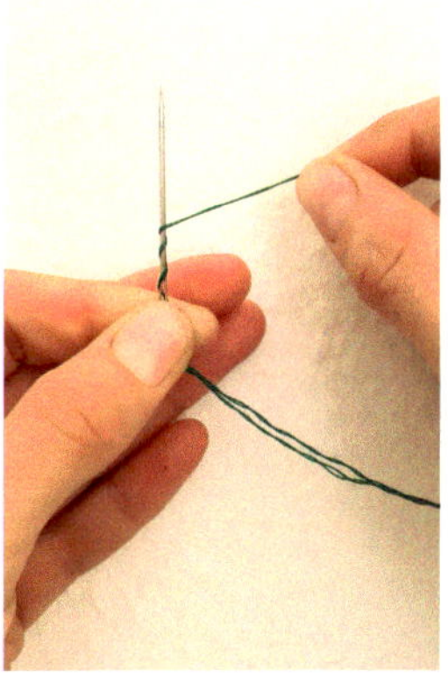

Mit der rechten Hand 4 mal um die Nadel wickeln

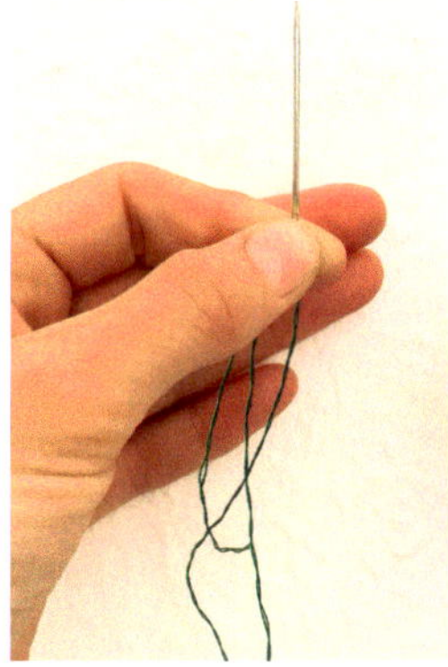

Das Gewickelte mit linkem Daumen und Zeigefinger auf dem Öhr zusammenschieben

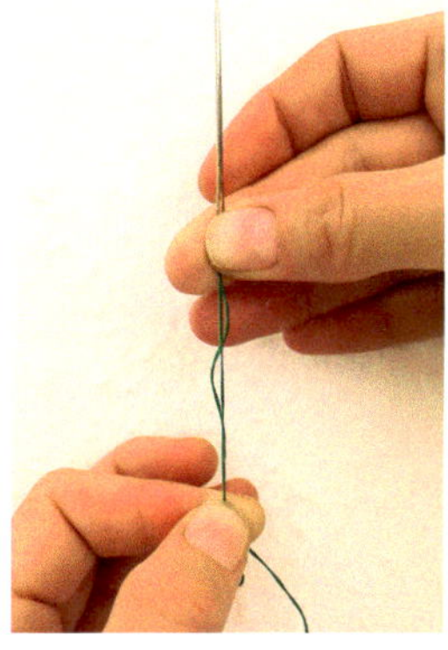

Das Öhr und die 2 Fäden mit der rechten Hand festhalten und das Gewickelte mit der linken Hand in einem Rutsch bis nach unten ziehen.

Kurs: Kreuzstich

Kreuzstich-Sticken kann jeder. Es ist kaum Übung erforderlich.

Sticken Sie nicht ohne Stickrahmen. Ich habe für die Bildchen einen Stickrahmen des Durchmessers 16 cm genommen. Stickt man ohne Stickrahmen, wird der Stoff durch die Kreuze langsam zusammengezogen. Durch den Stickrahmen wird das verhindert, weil er den Stoff fest spannt.

Gestickt wird ein Motiv wie man schreibt, also in Reihen von links nach rechts und von oben nach unten.

Das Kreuz muss gleichmäßig gestickt werden, also der Hinstich zeigt immer in die eine Richtung (nach rechts oben), der Rückstich, der sich ja über den Hinstich legt, in die andere Richtung, also nach links oben. So entsteht ein gleichmäßiges Bild.

Angenommen, die Stickvorlage gibt diesen kleinen Hut vor:

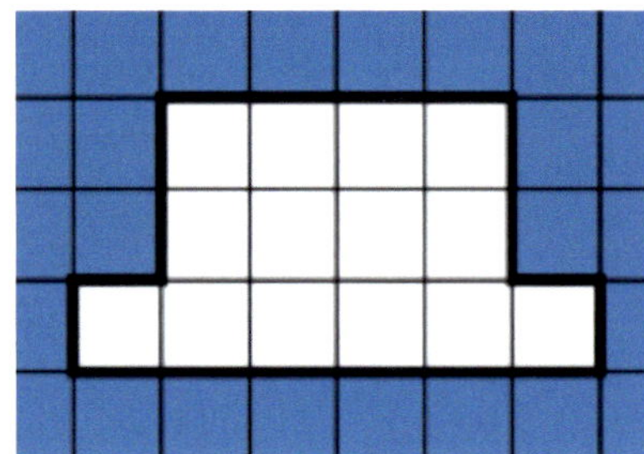

Hut sticken im Kreuzstich:

Beginnen Sie am obersten linken Kreuz

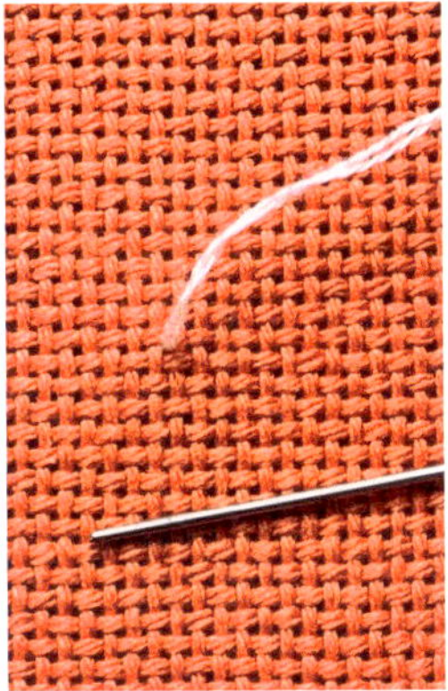

Stechen Sie die Nadel von hinten ein und ziehen sie den Faden bis zum Knoten durch.

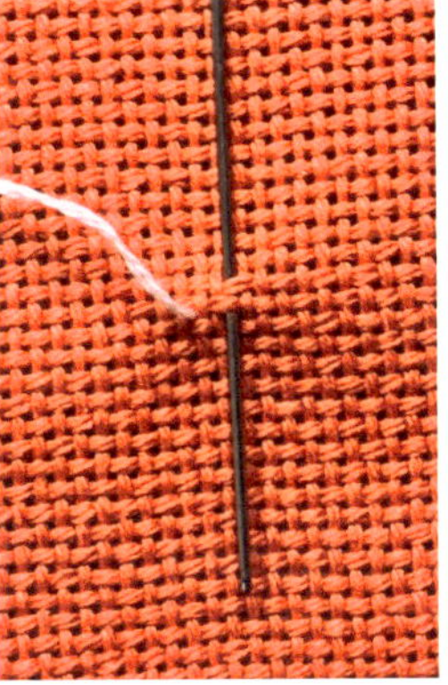

Stechen Sie mit der Nadel 2 Fäden weiter oben rechts ein und stechen Sie 2 Fäden senkrecht wieder aus. Ein halbes X ist entstanden.

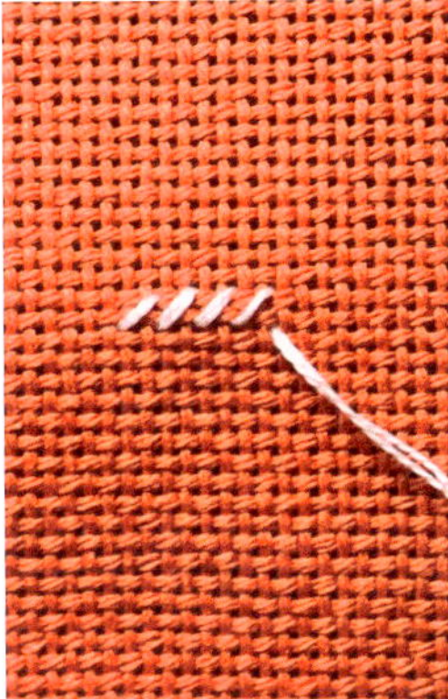

Verfahren Sie so noch 3 mal und es sind 4 halbe X entstanden.

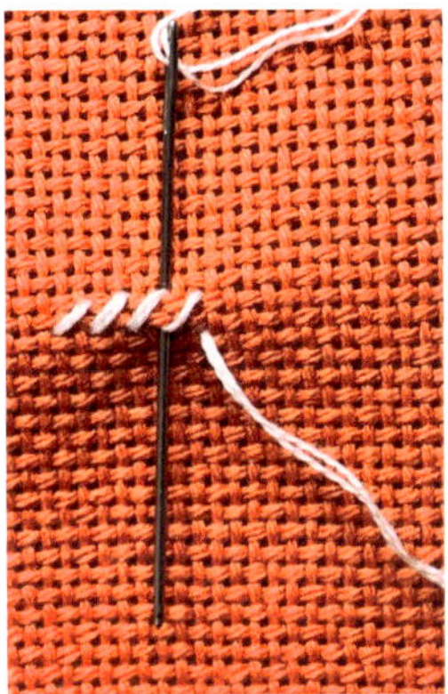

Sticken Sie nun auf dem gleichen Weg zurück und stechen Sie dabei in dieselben Löcher ein wie auf dem Hinweg.

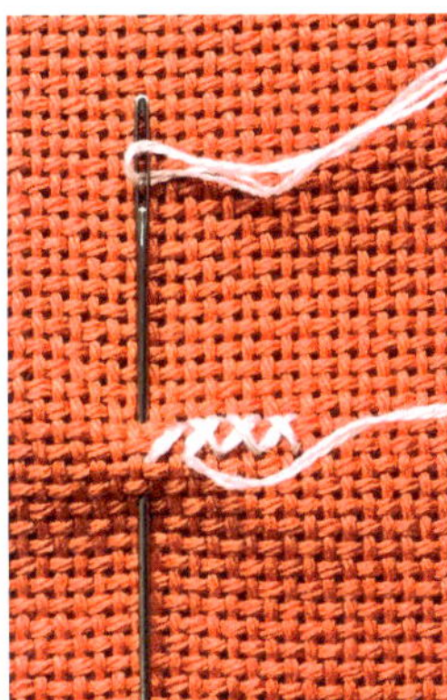

Am Ende stechen Sie gleich eine Reihe tiefer (also 4 Fäden) aus, um am Beginn der nächsten Reihe wieder hervor zu kommen.

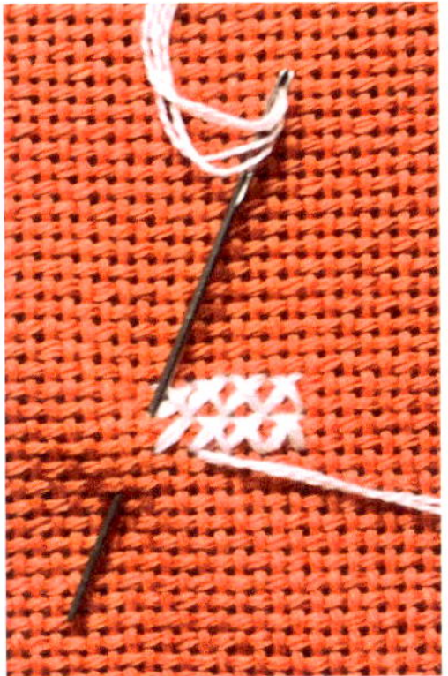

Jetzt wieder 4 Halbkreuze nach rechts und wieder zurück. Dabei stechen Sie in dieselben Löcher wie auf der Reihe darüber. Am Ende stechen Sie eine Reihe tiefer und 2 Fäden weiter links aus. Um am Beginn der nächsten Reihe wieder hervor zu kommen.

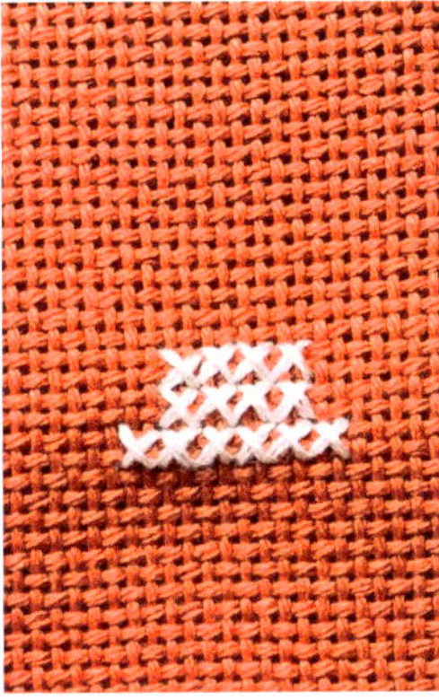

Jetzt wieder 6 Halbkreuze nach rechts und wieder zurück. Am Ende bleibt der Faden hinten. Fertig ist der Hut.

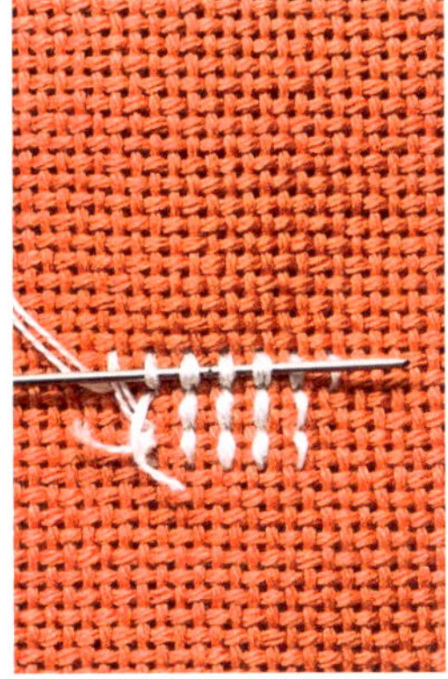

Um den Faden zu verwahren, drehen Sie den Stoff um und schieben die Nadel knapp unter den senkrechten weißen Fäden durch, ziehen Sie den Faden durch und schneiden Sie ihn knapp ab.

Kontur sticken im Steppstich:

Nun soll der Hut eine schwarze Kontur bekommen:

Bereiten Sie einen 2-fädigen schwarzen Faden mit Knoten vor.

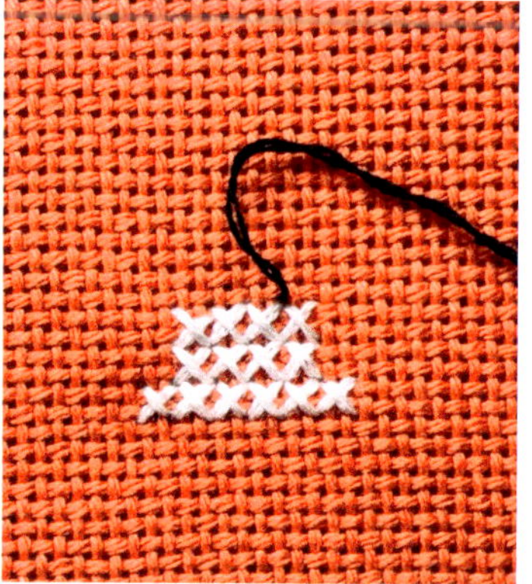

Stechen Sie die Nadel von hinten links vom rechtesten Kreuz ein und ziehen Sie den Faden bis zum Knoten durch.

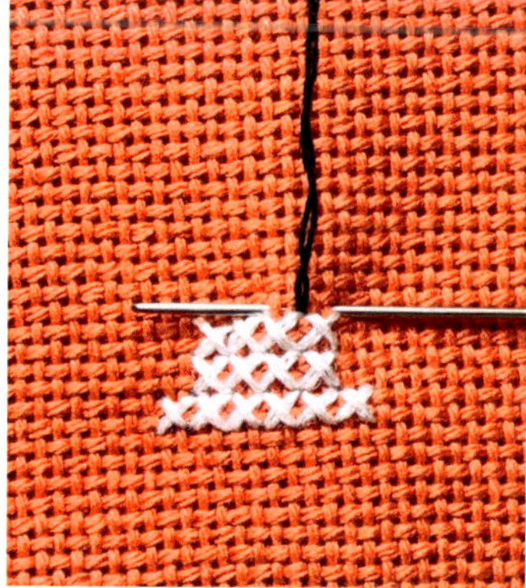

Stechen Sie mit der Nadel 2 Fäden weiter rechts ein und kommen Sie 2 Fäden weiter links wieder hervor. Das rechte Kreuz hat nun einen Bindestrich bekommen.

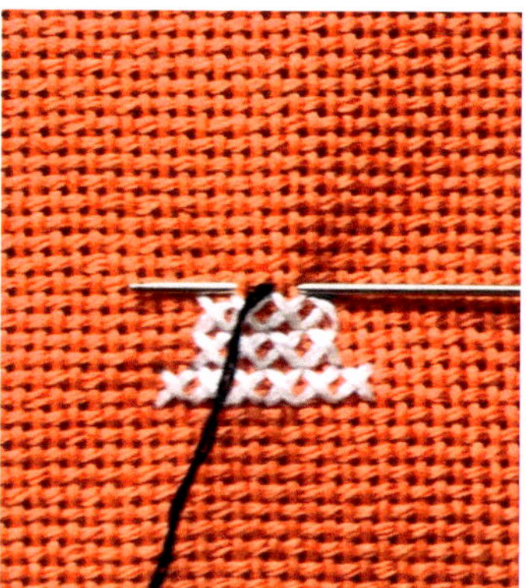

Nun wieder 2 weiter rechts einstechen und 2 weiter links wieder hervorkommen.

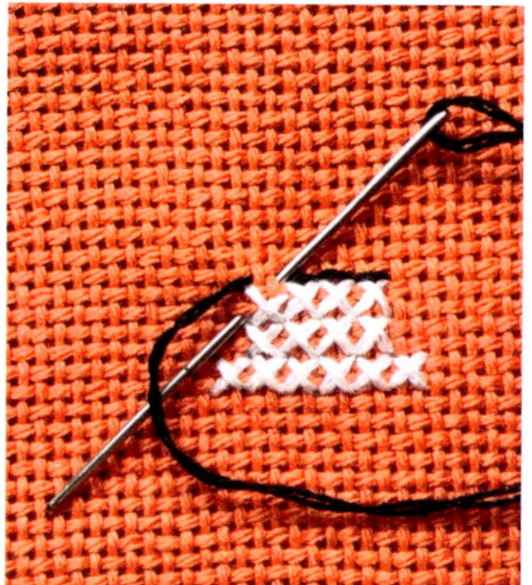

Immer so weiter bis Sie einmal um den Hut herumgestickt haben.

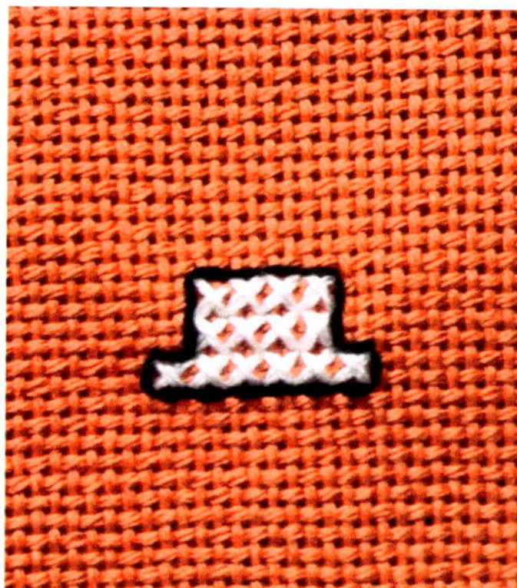

Die Nadel bleibt beim letzten Stich wieder hinten und der Faden wird verwahrt.

„Bilder"-Rahmen um die fertigen Bildchen mit Perlgarn im Plattstich. (Ganzer Faden, nicht getrennt).

Arbeiten Sie von außen nach innen. Das heißt: Führen Sie die Nadel von hinten 6 Fäden von der zu umrahmenden Fläche ein und ziehen den Faden bis zum Knoten nach vorne durch.

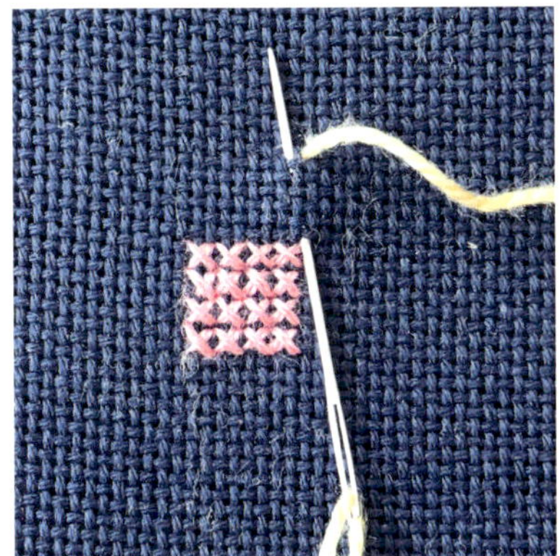

Dann stechen Sie 6 Fäden senkrecht am Kreuz ein und führen die Nadel so, dass sie direkt neben dem Einstich wieder auftaucht. Ein senkrechter Strich ist entstanden.

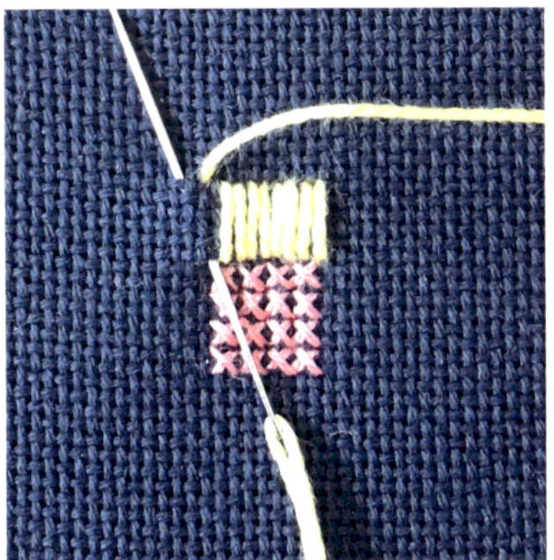

So sticken Sie so viele senkrechte „Striche" bis Sie an der Ecke des Bildchens angekommen sind. Um nun um die Ecke zu sticken, stechen Sie 2 Fäden neben dem letzten Ausgang wieder aus.

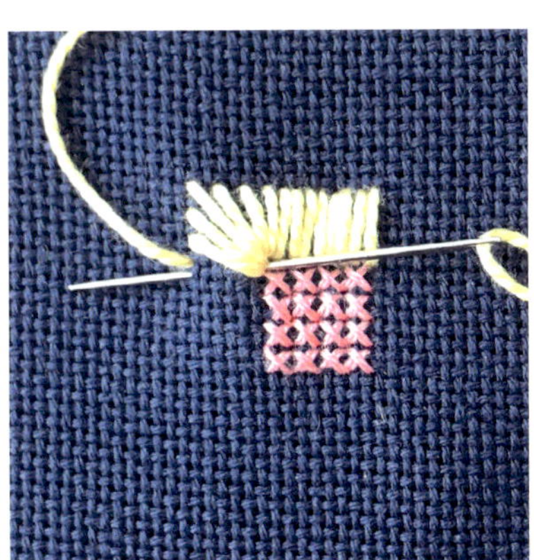

Sticken Sie nun, wie auf diesem Bild gezeigt. Es wird für eine Ecke also 6 mal in das dasselbe Eck-Loch eingestochen.

So rundherum um das Bildchen.

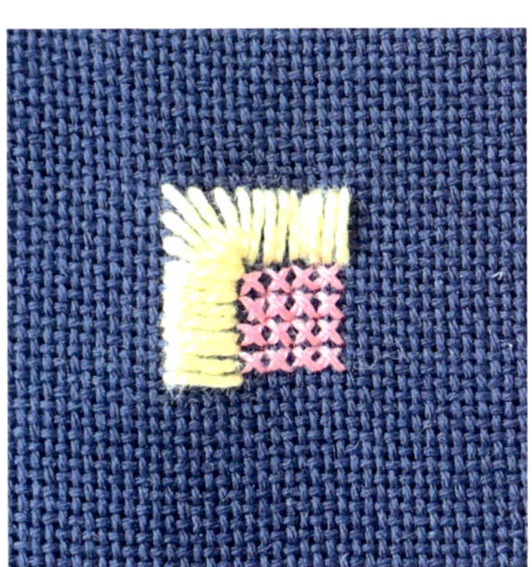

Eine fertig gestickte Ecke sieht dann so aus.

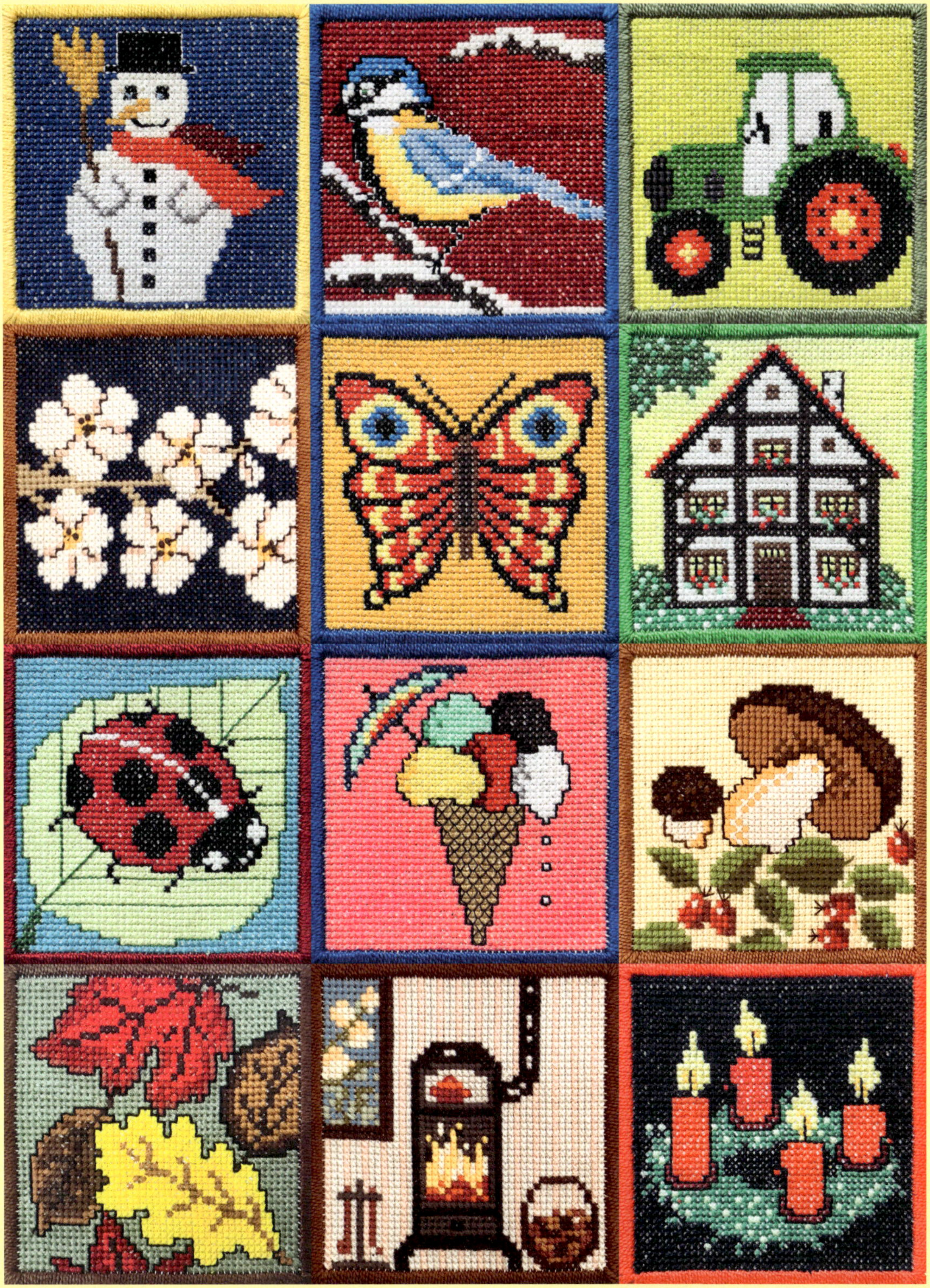

Schnappschüsse

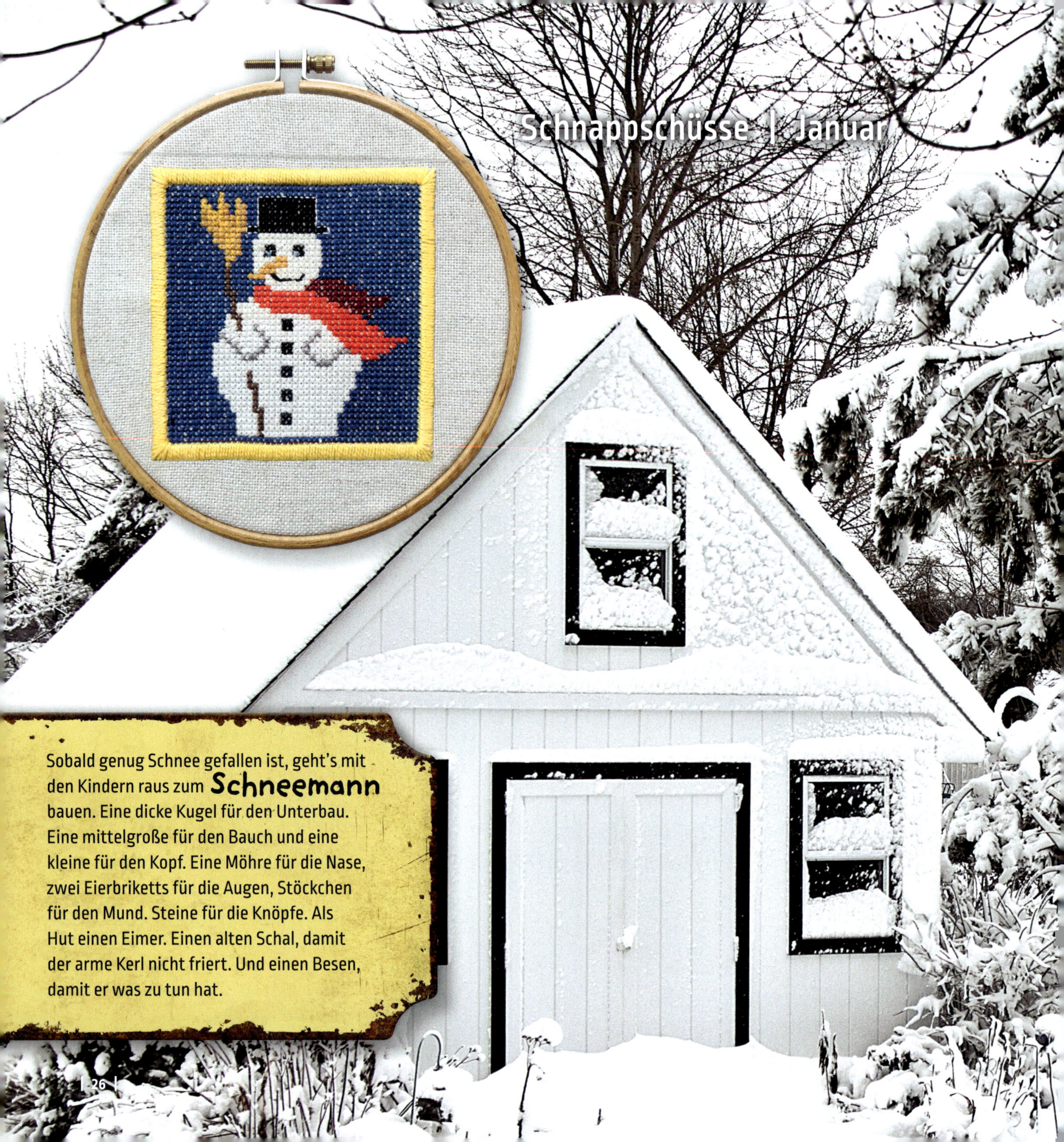

Sobald genug Schnee gefallen ist, geht's mit den Kindern raus zum **Schneemann** bauen. Eine dicke Kugel für den Unterbau. Eine mittelgroße für den Bauch und eine kleine für den Kopf. Eine Möhre für die Nase, zwei Eierbriketts für die Augen, Stöckchen für den Mund. Steine für die Knöpfe. Als Hut einen Eimer. Einen alten Schal, damit der arme Kerl nicht friert. Und einen Besen, damit er was zu tun hat.

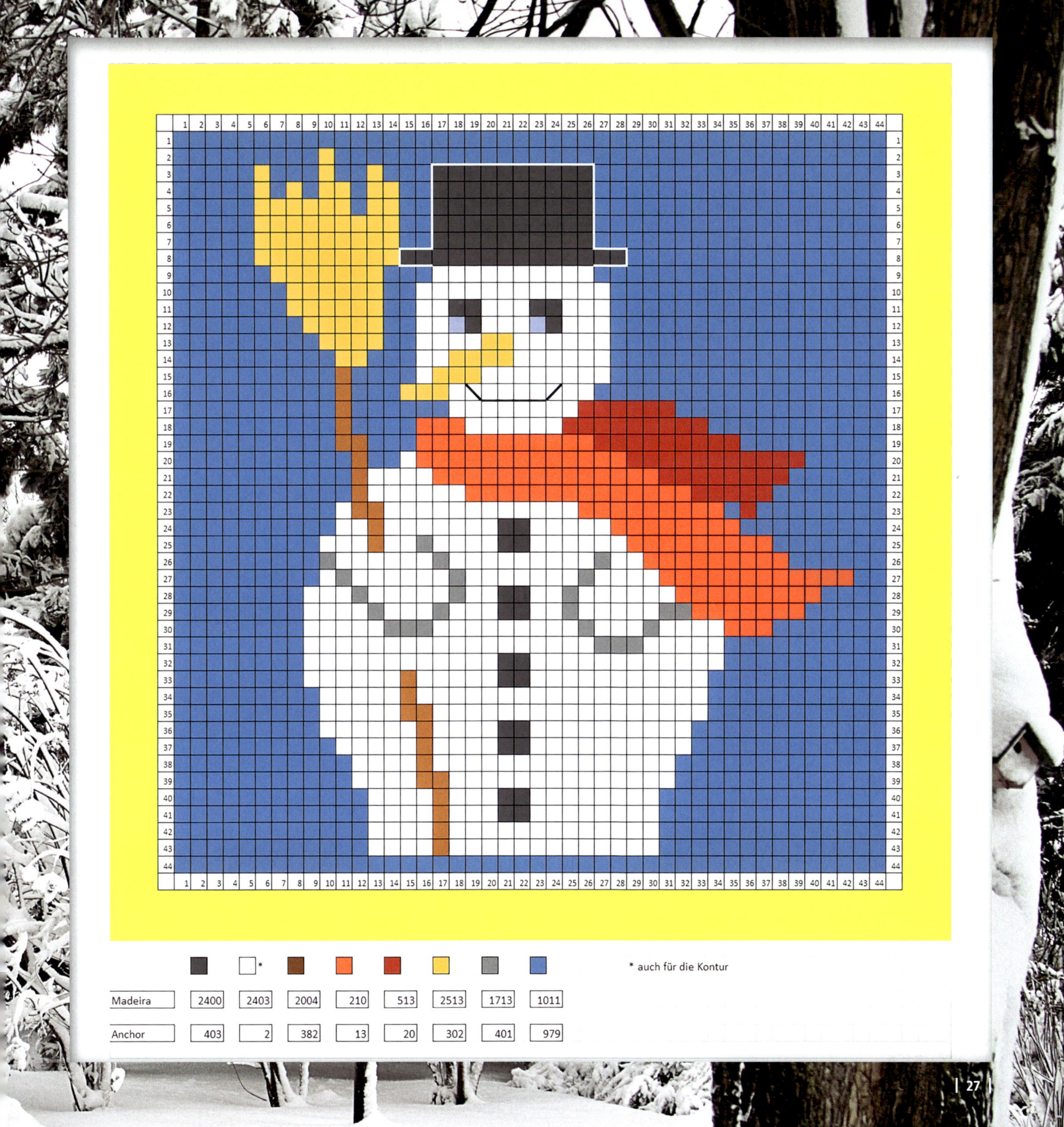

		*						
Madeira	2400	2403	2004	210	513	2513	1713	1011
Anchor	403	2	382	13	20	302	401	979

* auch für die Kontur

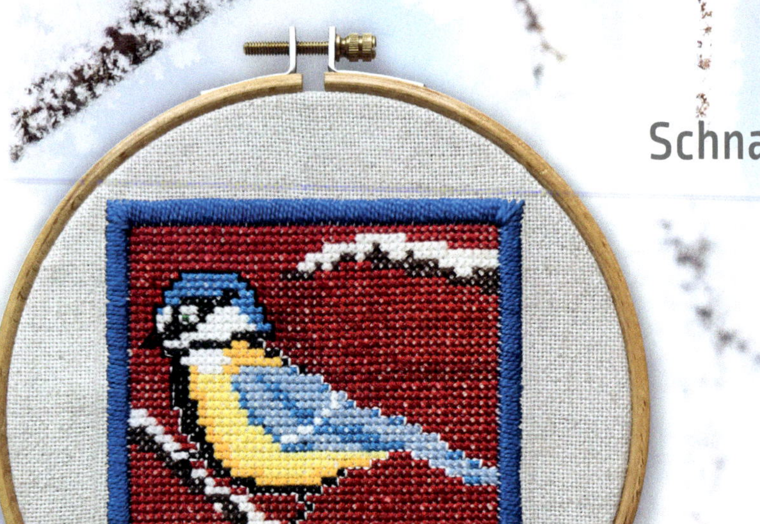

Die **Blaumeise** ist ein vor allem in Europa heimischer Vogel. Er ist um die 11cm groß und wiegt kaum mehr als 10 Gramm. Er richtet sich gerne im Garten in Nistkästen ein und freut sich im Winter über Meisenknödel oder Futterhäuschen mit fettreicher Nahrung. Am liebsten ernährt er sich aber von Insekten und Spinnen, die im Winter nicht so häufig zu finden sind.

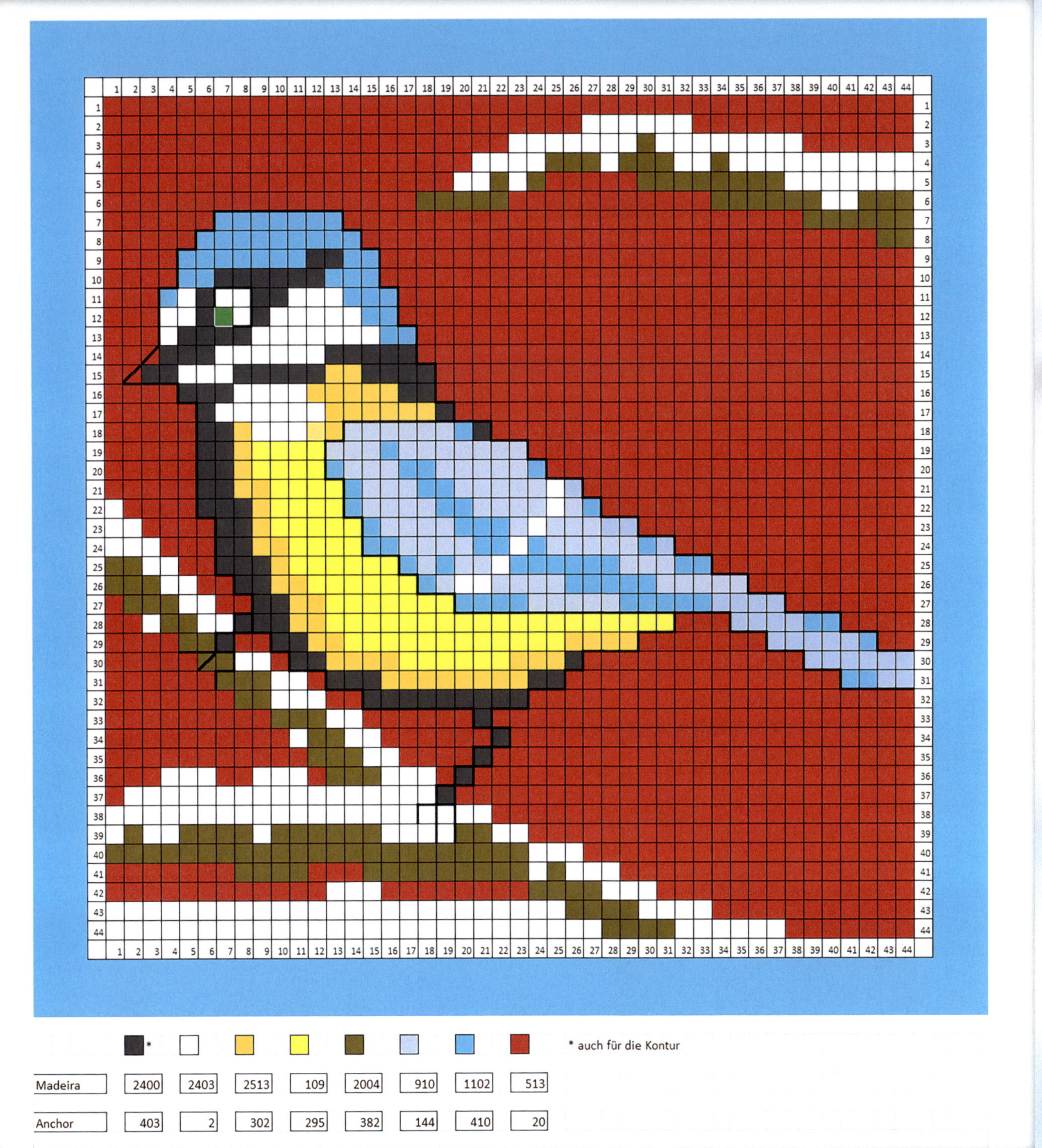

	■*	□	■	■	■	■	■	■
Madeira	2400	2403	2513	109	2004	910	1102	513
Anchor	403	2	302	295	382	144	410	20

* auch für die Kontur

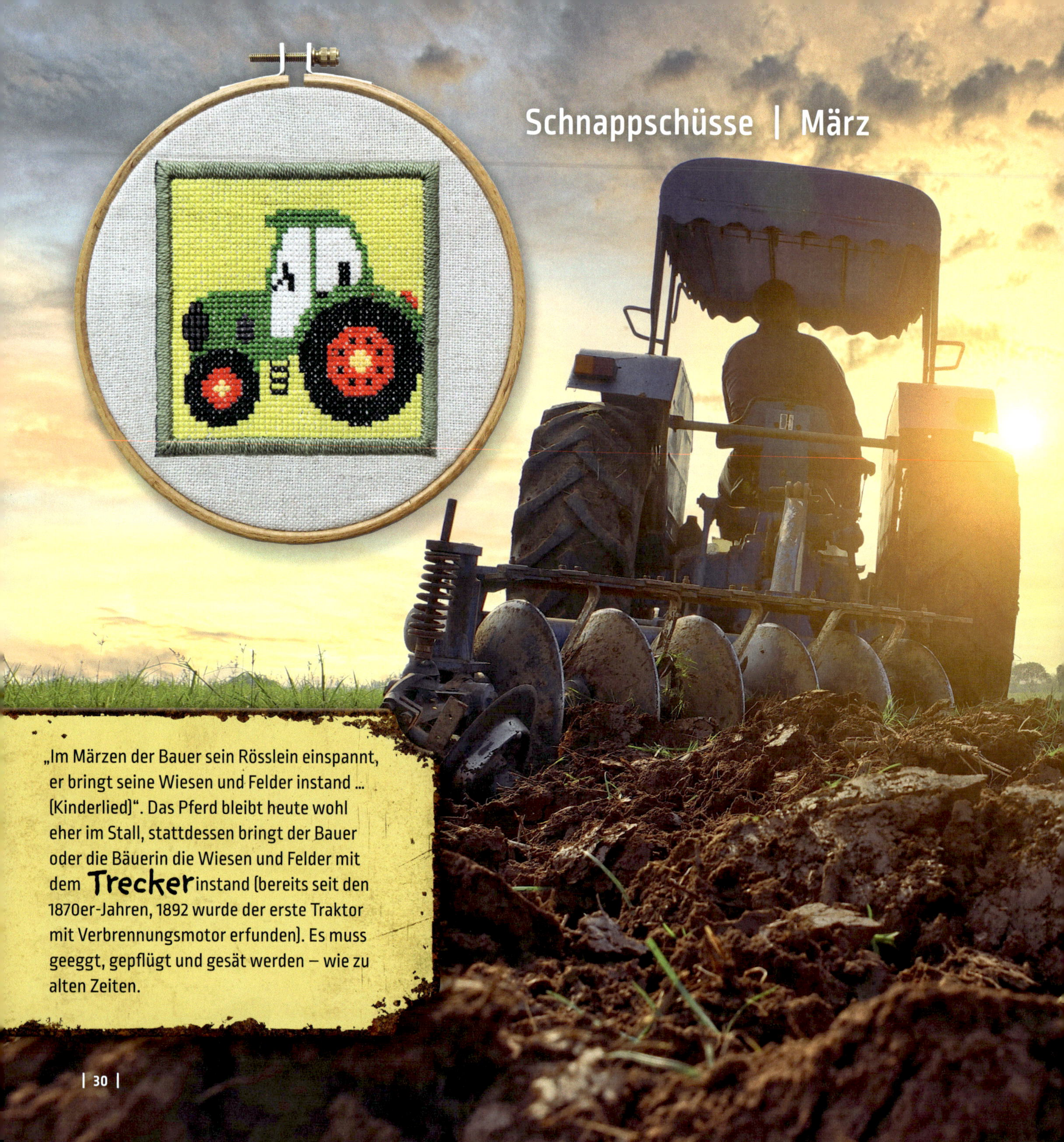

„Im Märzen der Bauer sein Rösslein einspannt, er bringt seine Wiesen und Felder instand ... (Kinderlied)". Das Pferd bleibt heute wohl eher im Stall, stattdessen bringt der Bauer oder die Bäuerin die Wiesen und Felder mit dem **Trecker** instand (bereits seit den 1870er-Jahren, 1892 wurde der erste Traktor mit Verbrennungsmotor erfunden). Es muss geeggt, gepflügt und gesät werden – wie zu alten Zeiten.

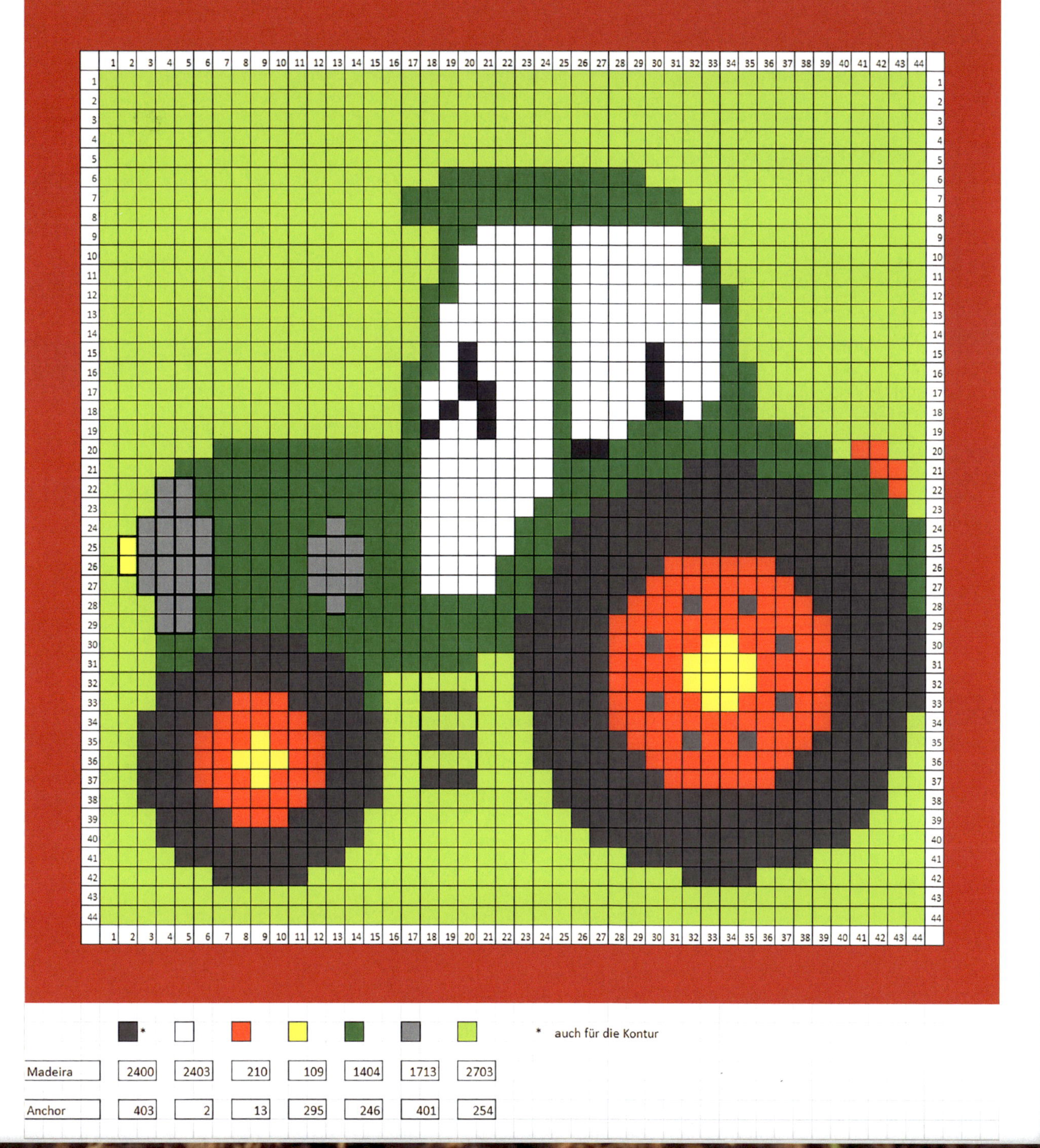

	■*	□	■	■	■	■	■
Madeira	2400	2403	210	109	1404	1713	2703
Anchor	403	2	13	295	246	401	254

* auch für die Kontur

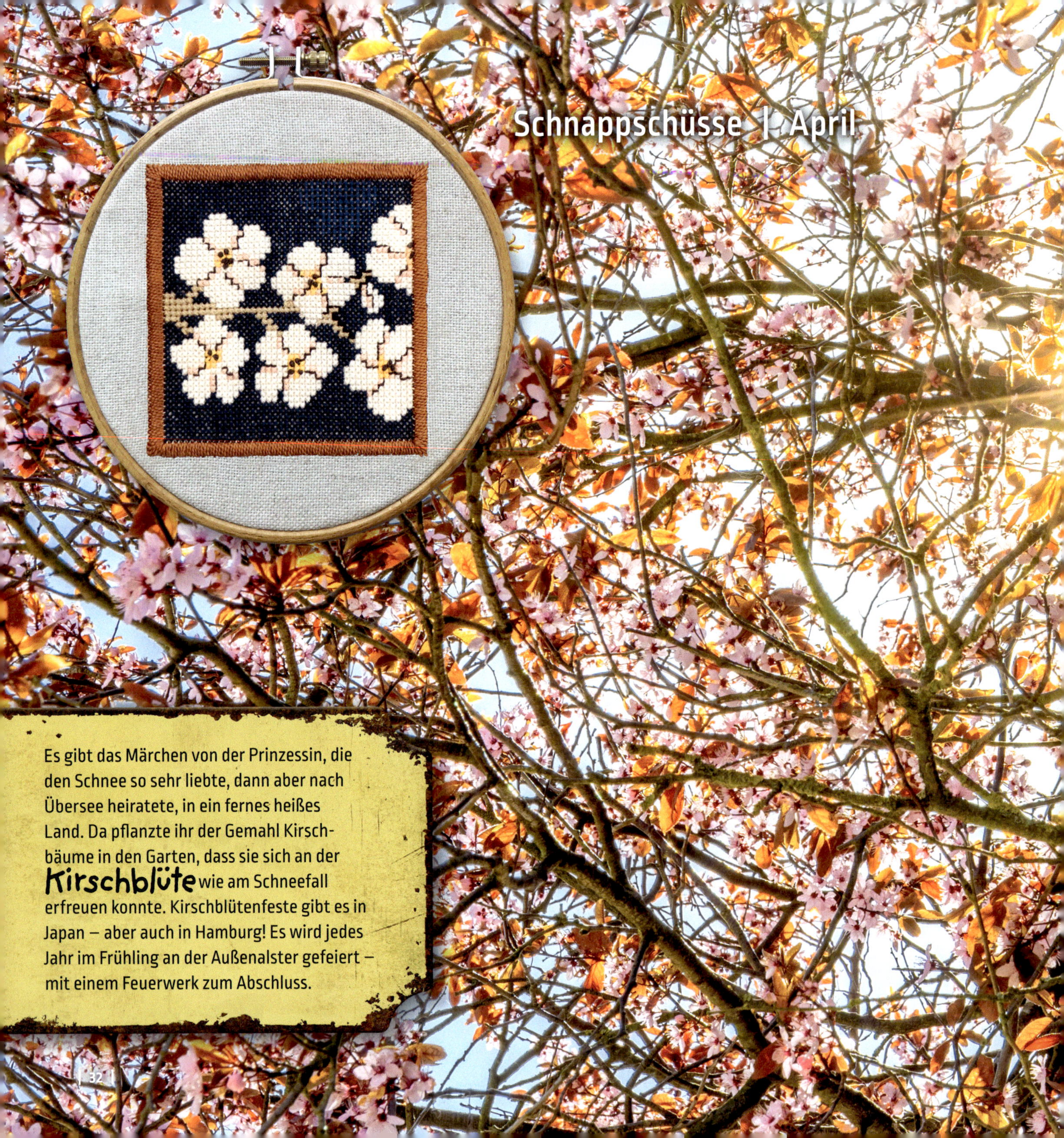

Es gibt das Märchen von der Prinzessin, die den Schnee so sehr liebte, dann aber nach Übersee heiratete, in ein fernes heißes Land. Da pflanzte ihr der Gemahl Kirschbäume in den Garten, dass sie sich an der **Kirschblüte** wie am Schneefall erfreuen konnte. Kirschblütenfeste gibt es in Japan – aber auch in Hamburg! Es wird jedes Jahr im Frühling an der Außenalster gefeiert – mit einem Feuerwerk zum Abschluss.

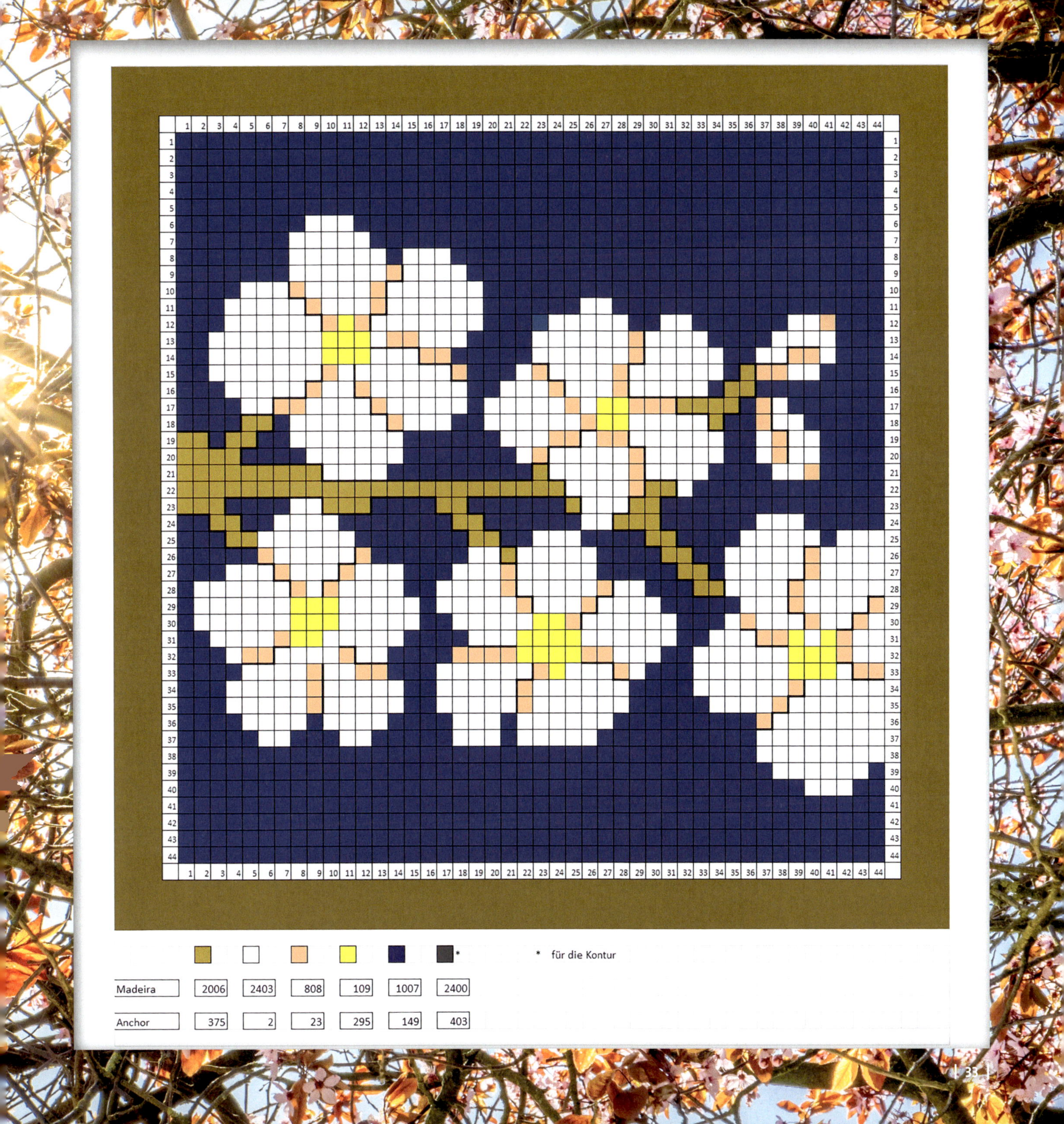
* für die Kontur
Madeira 2006 2403 808 109 1007 2400
Anchor 375 2 23 295 149 403

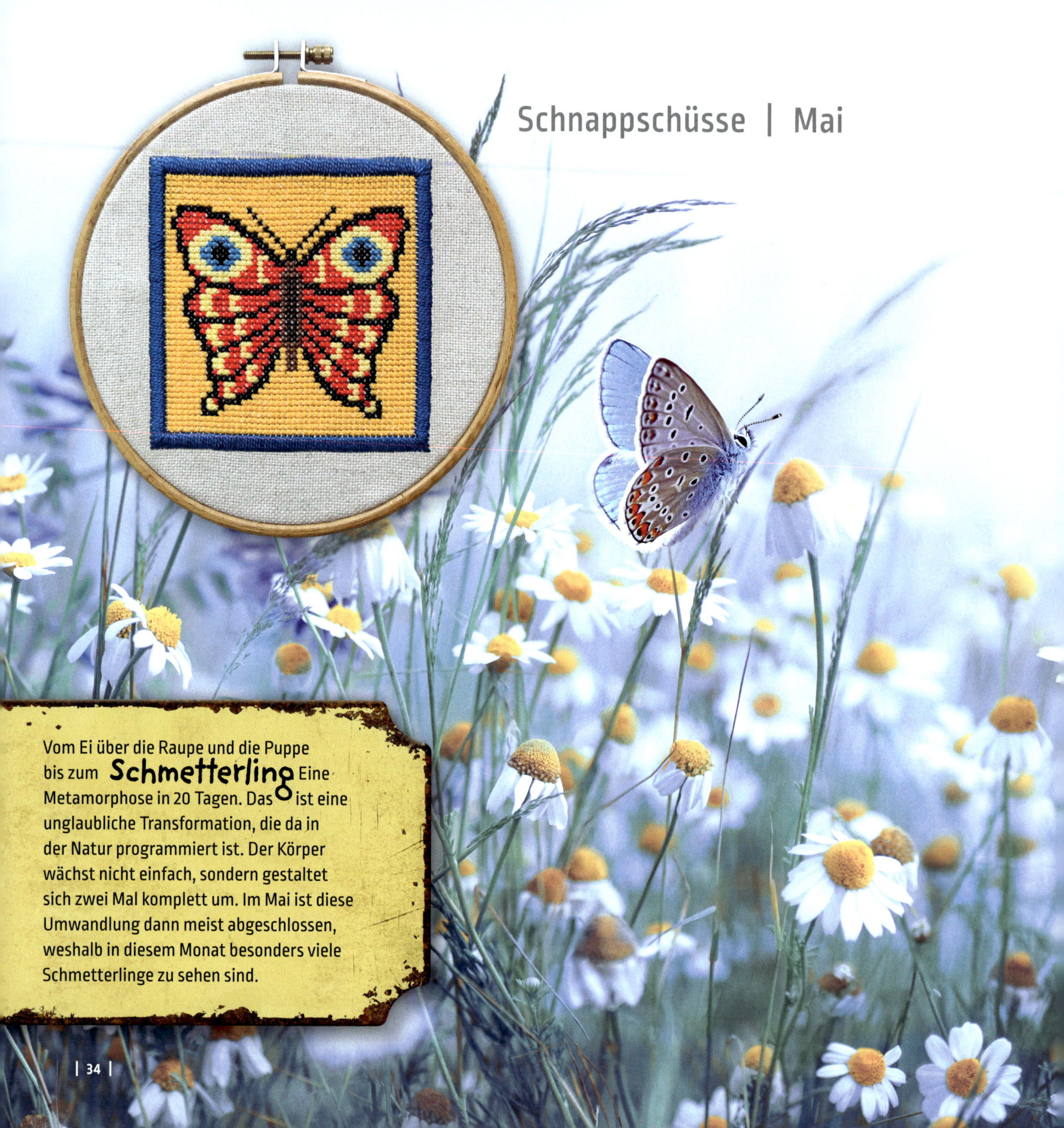

Vom Ei über die Raupe und die Puppe bis zum **Schmetterling** Eine Metamorphose in 20 Tagen. Das ist eine unglaubliche Transformation, die da in der Natur programmiert ist. Der Körper wächst nicht einfach, sondern gestaltet sich zwei Mal komplett um. Im Mai ist diese Umwandlung dann meist abgeschlossen, weshalb in diesem Monat besonders viele Schmetterlinge zu sehen sind.

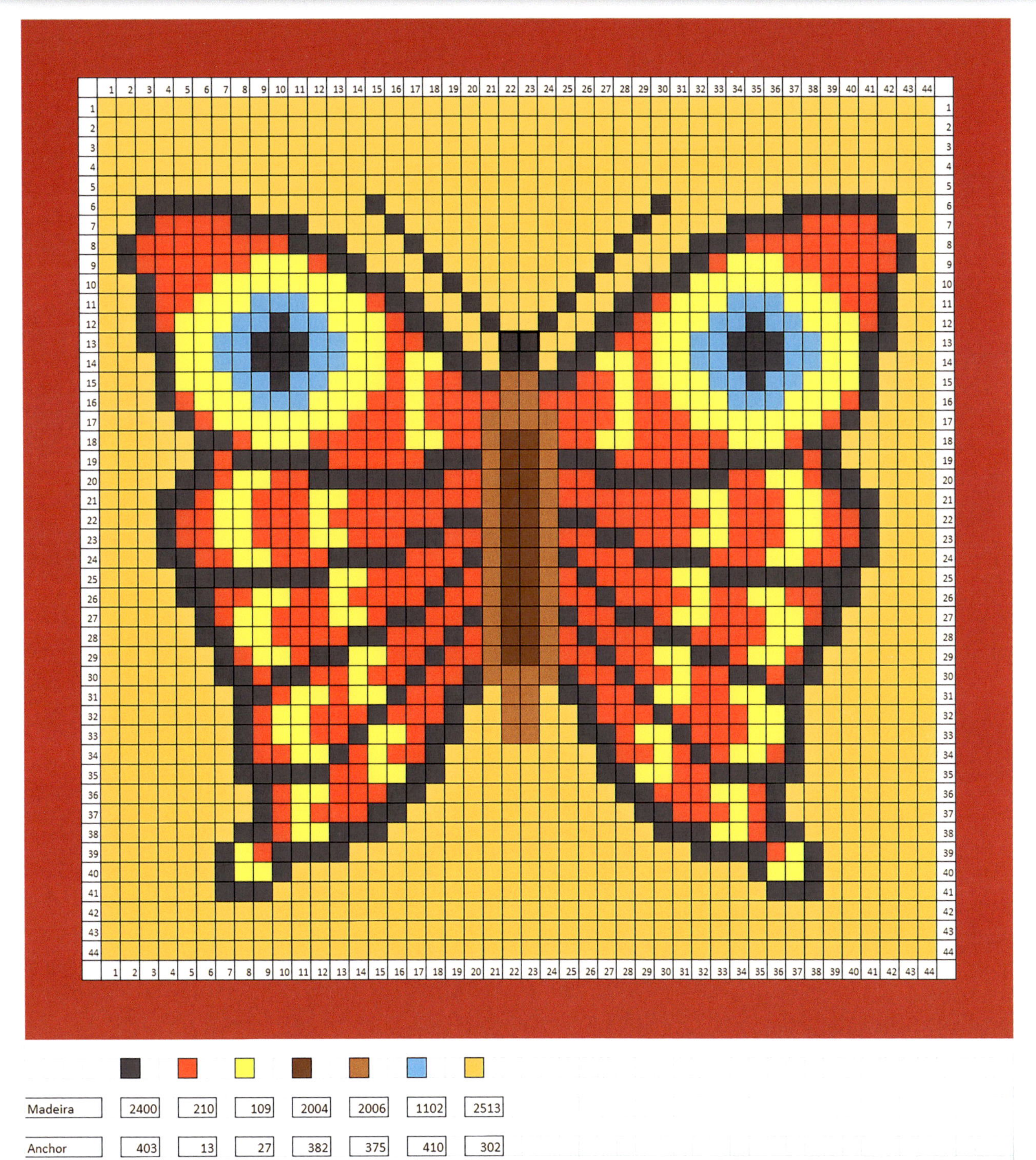

Madeira	2400	210	109	2004	2006	1102	2513
Anchor	403	13	27	382	375	410	302

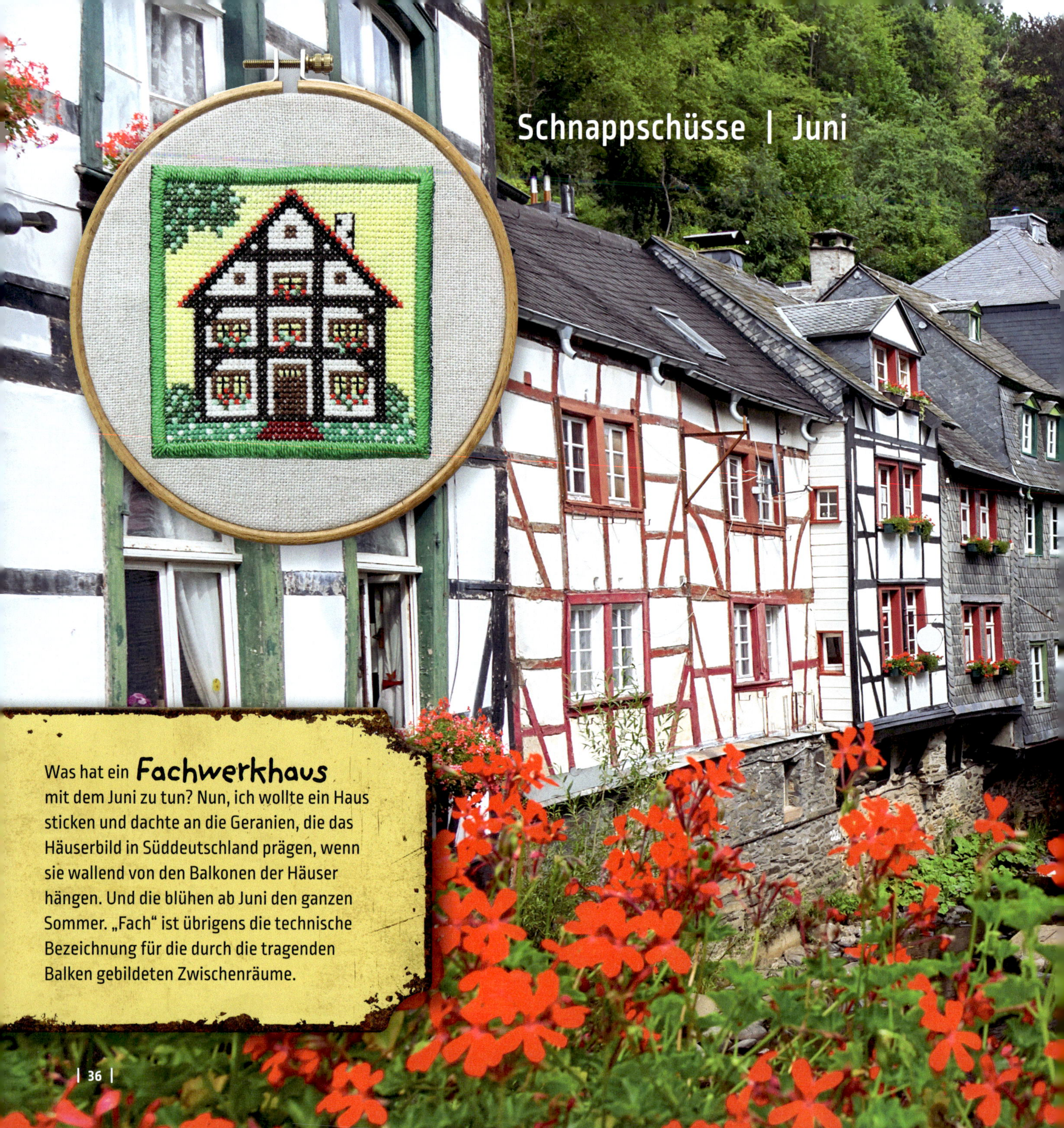

Was hat ein **Fachwerkhaus** mit dem Juni zu tun? Nun, ich wollte ein Haus sticken und dachte an die Geranien, die das Häuserbild in Süddeutschland prägen, wenn sie wallend von den Balkonen der Häuser hängen. Und die blühen ab Juni den ganzen Sommer. „Fach“ ist übrigens die technische Bezeichnung für die durch die tragenden Balken gebildeten Zwischenräume.

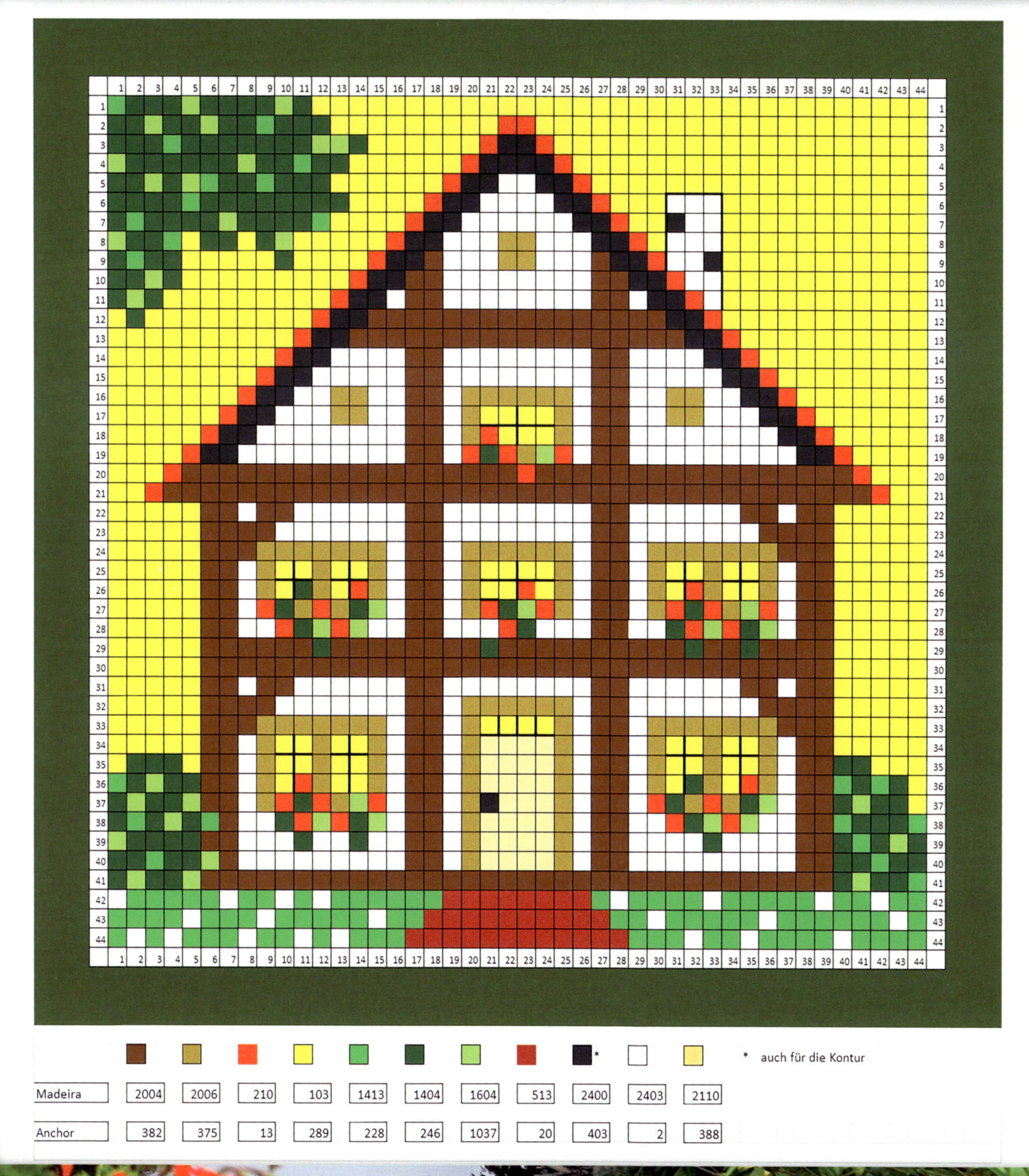

Madeira	2004	2006	210	103	1413	1404	1604	513	2400*	2403	2110
Anchor	382	375	13	289	228	246	1037	20	403	2	388

* auch für die Kontur

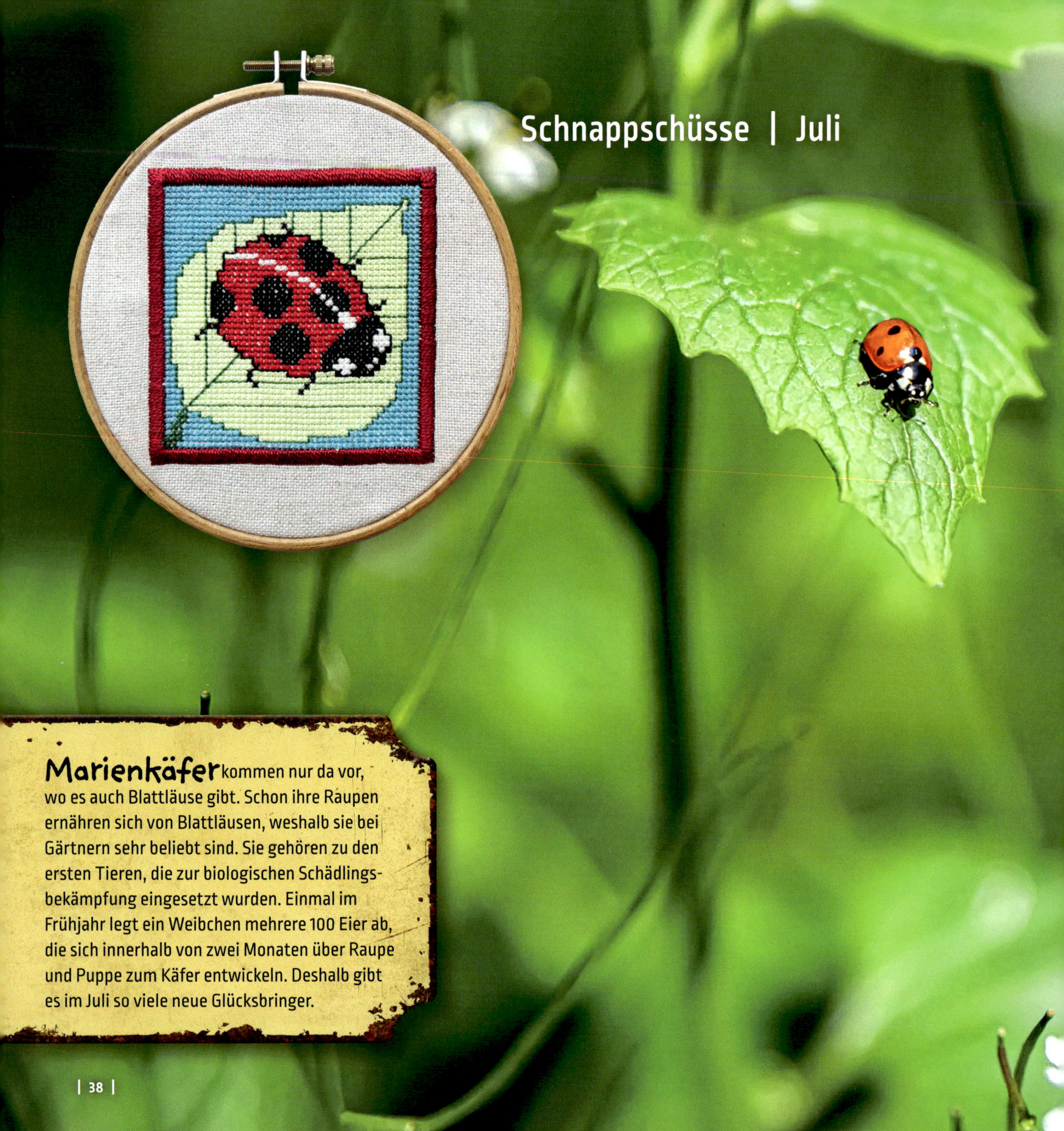

Marienkäfer kommen nur da vor, wo es auch Blattläuse gibt. Schon ihre Raupen ernähren sich von Blattläusen, weshalb sie bei Gärtnern sehr beliebt sind. Sie gehören zu den ersten Tieren, die zur biologischen Schädlingsbekämpfung eingesetzt wurden. Einmal im Frühjahr legt ein Weibchen mehrere 100 Eier ab, die sich innerhalb von zwei Monaten über Raupe und Puppe zum Käfer entwickeln. Deshalb gibt es im Juli so viele neue Glücksbringer.

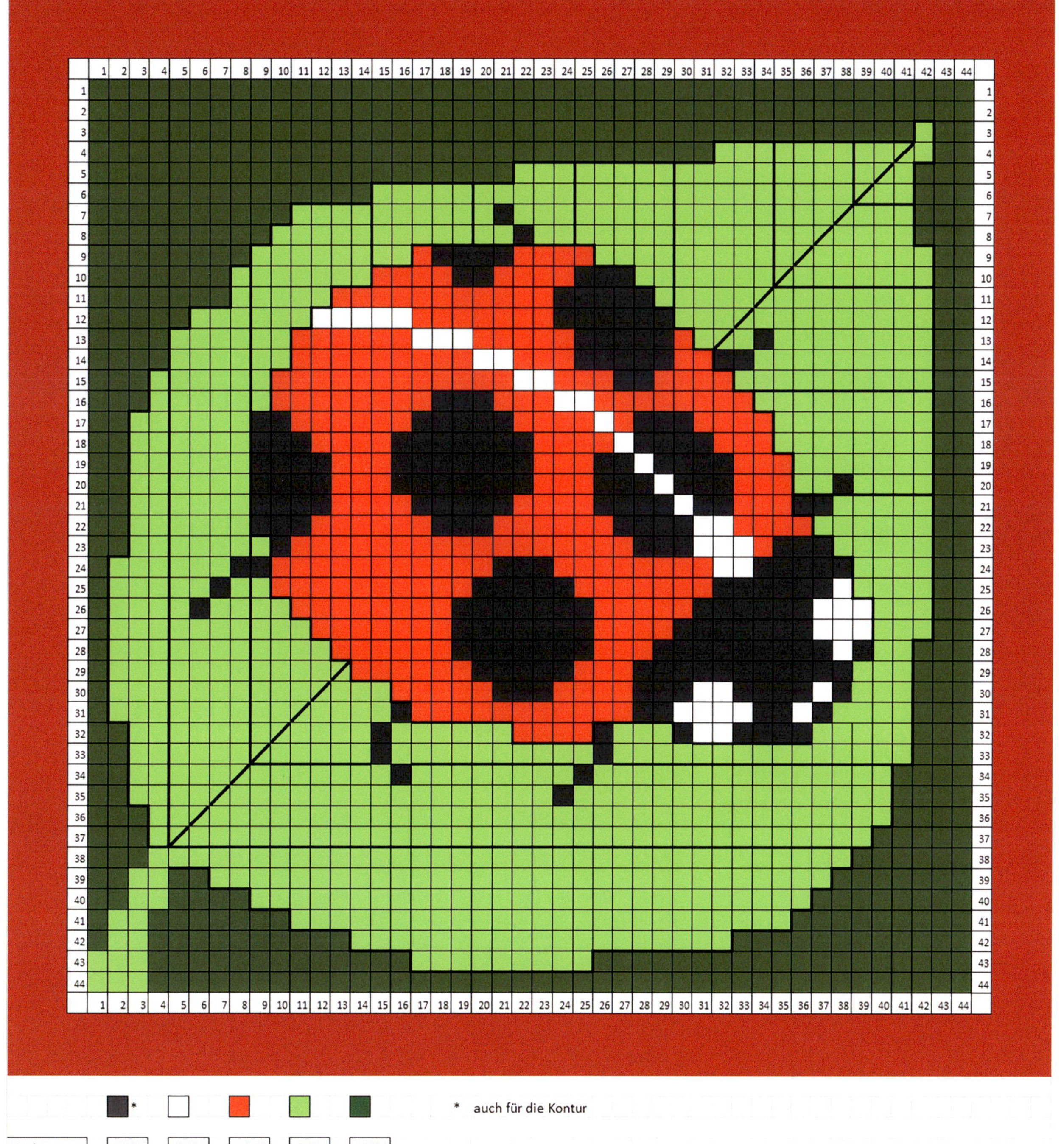

	*				
Madeira	2400	2403	210	1604	1404
Anchor	403	2	13	1037	246

* auch für die Kontur

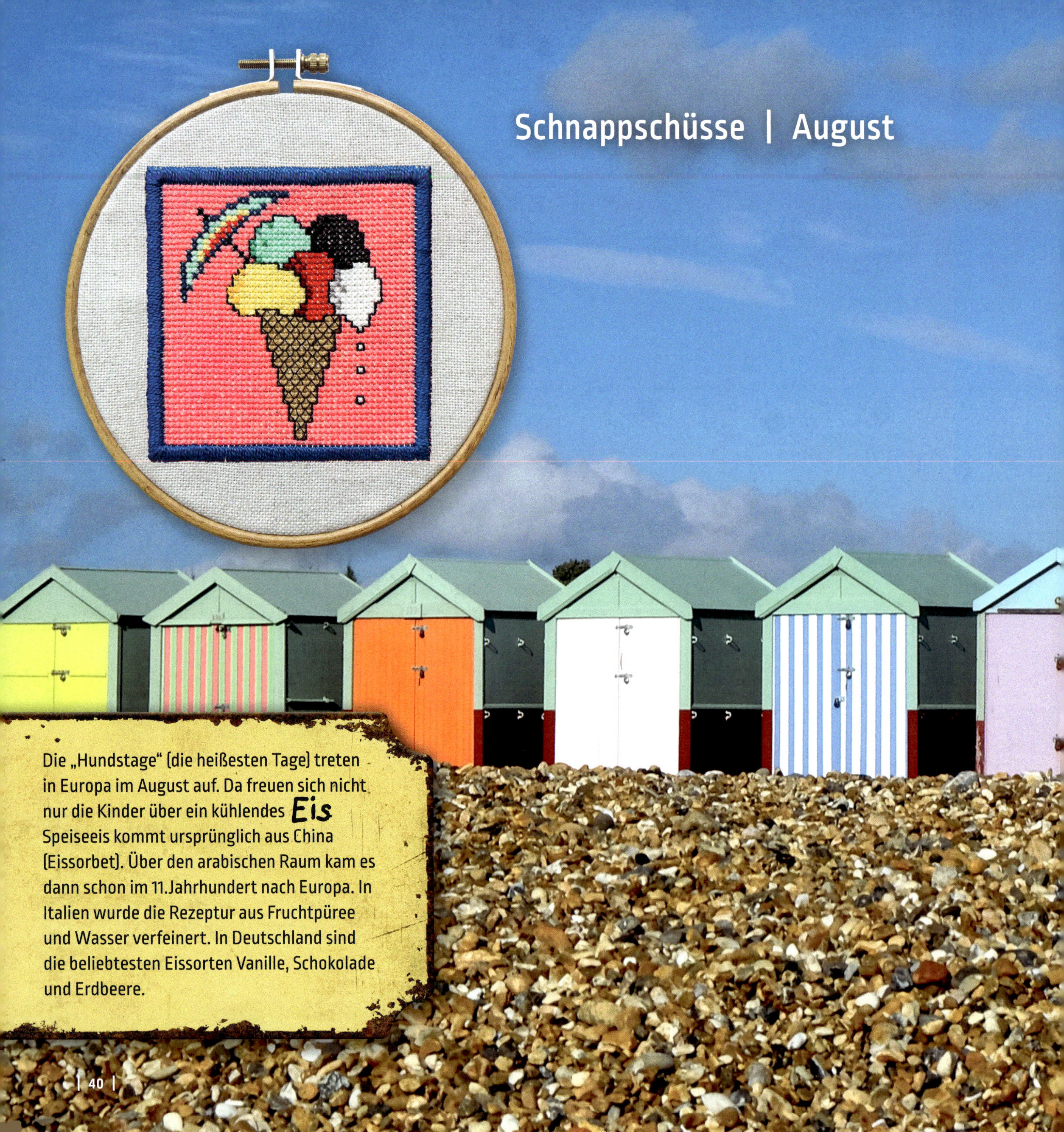

Die „Hundstage" (die heißesten Tage) treten in Europa im August auf. Da freuen sich nicht nur die Kinder über ein kühlendes **Eis**. Speiseeis kommt ursprünglich aus China (Eissorbet). Über den arabischen Raum kam es dann schon im 11.Jahrhundert nach Europa. In Italien wurde die Rezeptur aus Fruchtpüree und Wasser verfeinert. In Deutschland sind die beliebtesten Eissorten Vanille, Schokolade und Erdbeere.

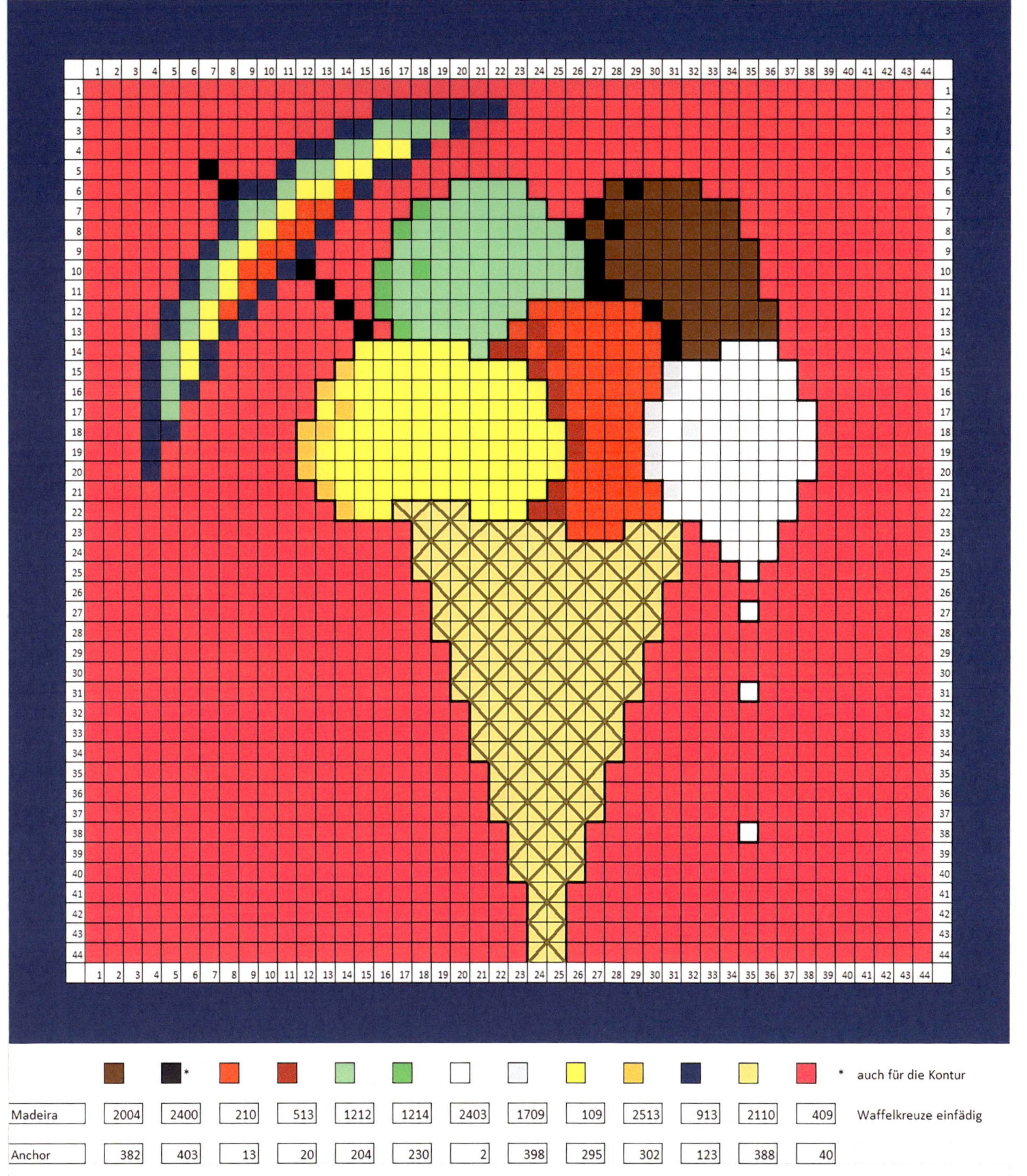

		*											
Madeira	2004	2400	210	513	1212	1214	2403	1709	109	2513	913	2110	409
Anchor	382	403	13	20	204	230	2	398	295	302	123	388	40

* auch für die Kontur

Waffelkreuze einfädig

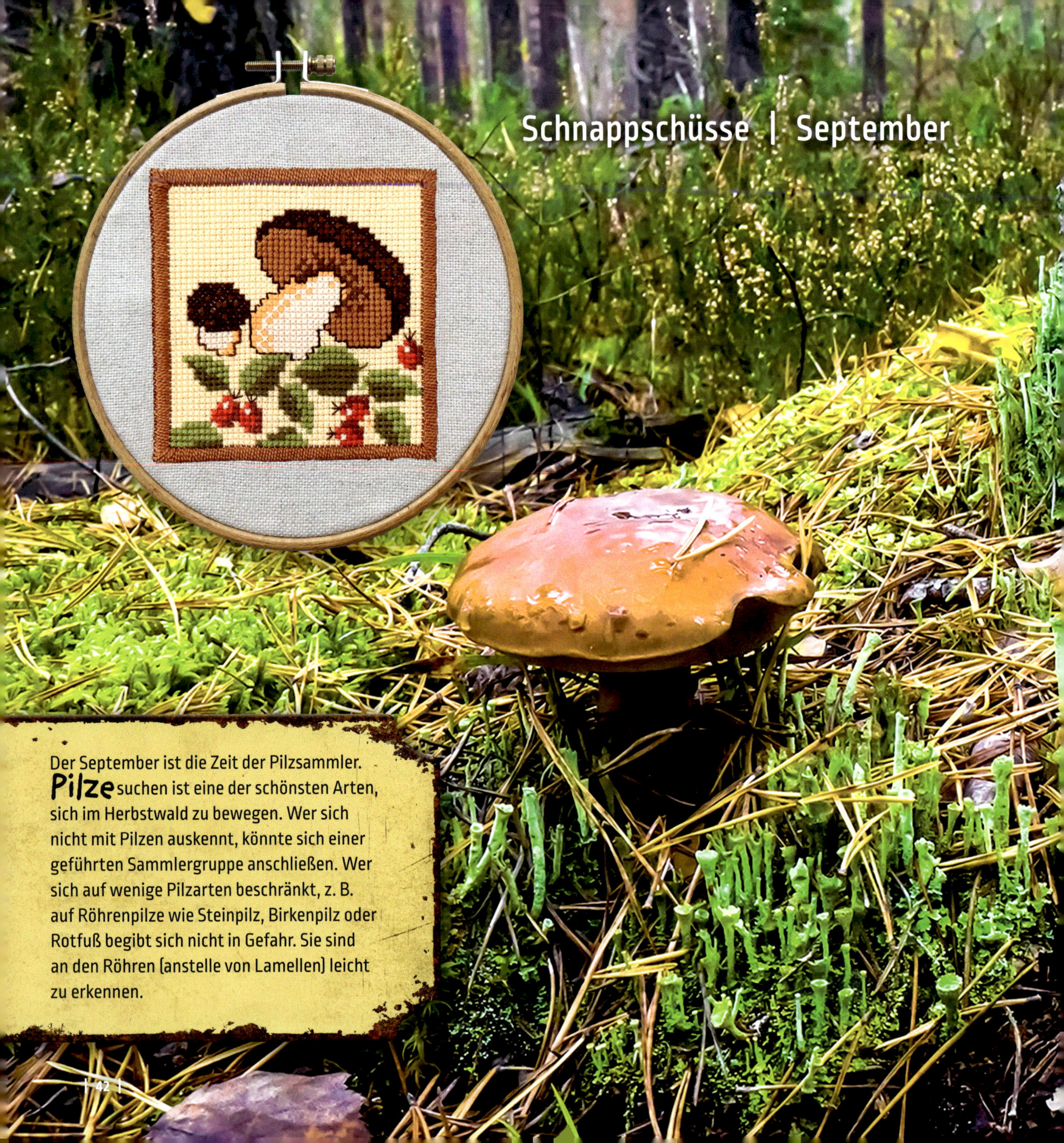

Der September ist die Zeit der Pilzsammler. **Pilze** suchen ist eine der schönsten Arten, sich im Herbstwald zu bewegen. Wer sich nicht mit Pilzen auskennt, könnte sich einer geführten Sammlergruppe anschließen. Wer sich auf wenige Pilzarten beschränkt, z. B. auf Röhrenpilze wie Steinpilz, Birkenpilz oder Rotfuß begibt sich nicht in Gefahr. Sie sind an den Röhren (anstelle von Lamellen) leicht zu erkennen.

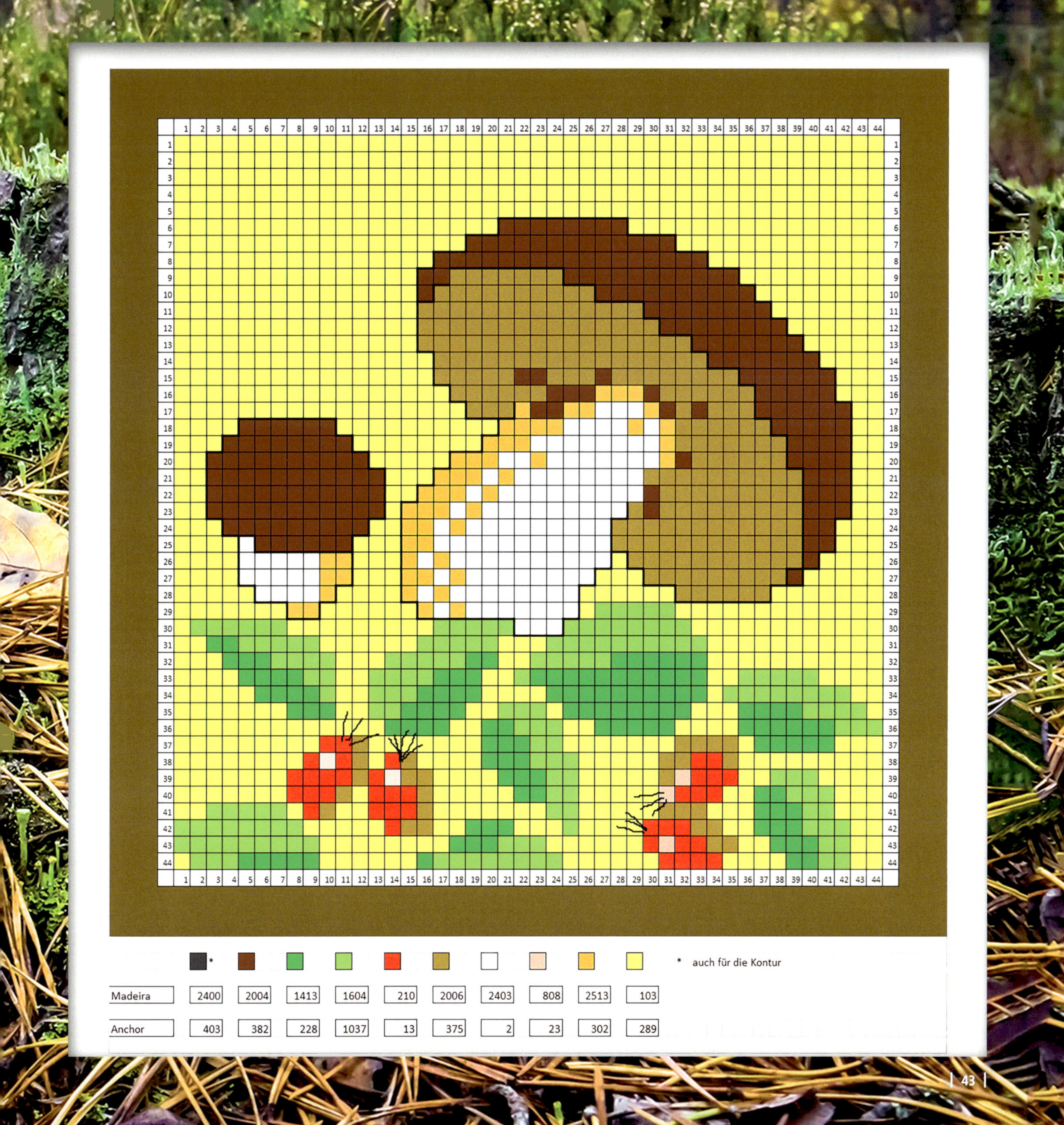

	*									
Madeira	2400	2004	1413	1604	210	2006	2403	808	2513	103
Anchor	403	382	228	1037	13	375	2	23	302	289

* auch für die Kontur

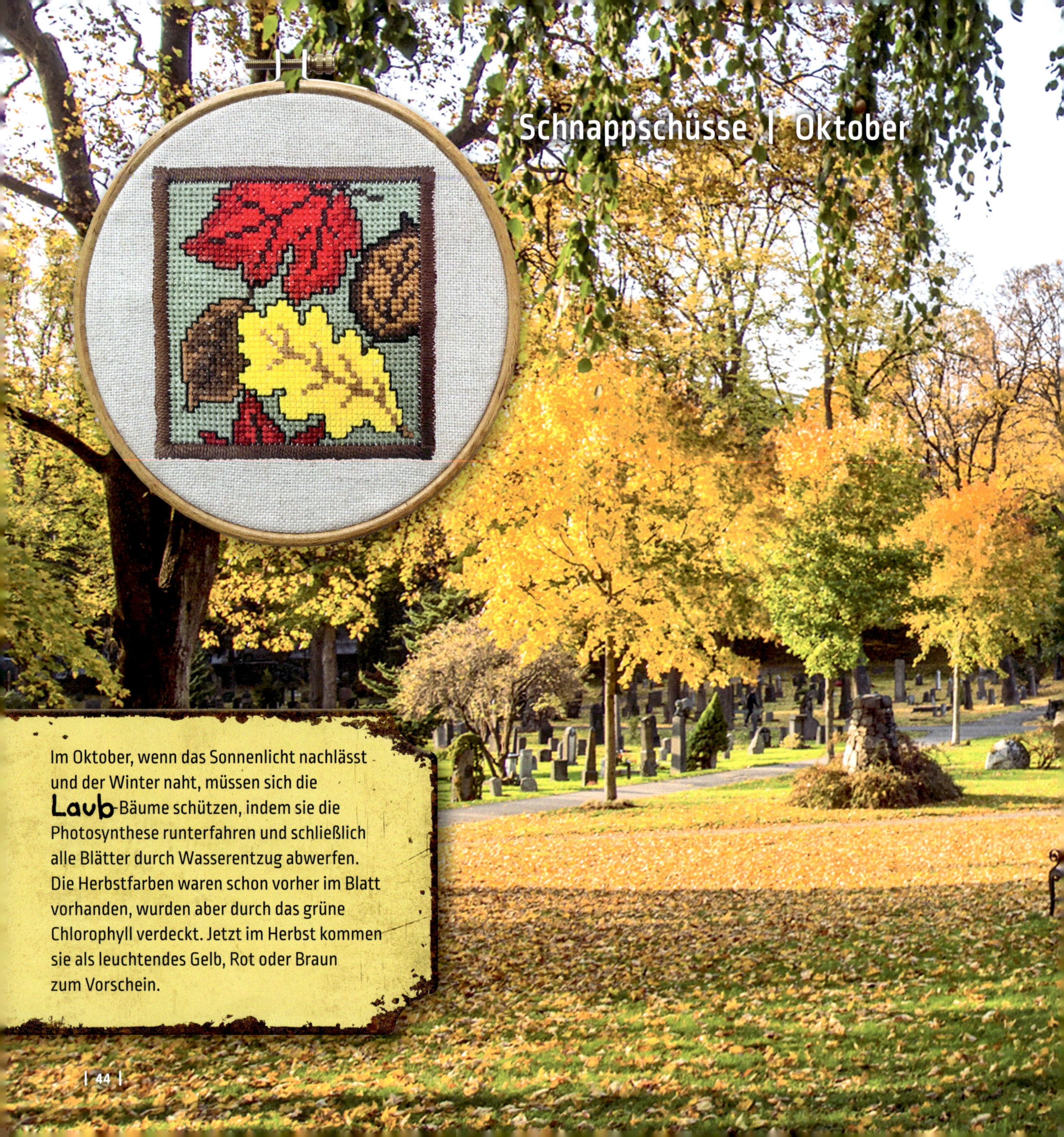

Im Oktober, wenn das Sonnenlicht nachlässt und der Winter naht, müssen sich die **Laub**-Bäume schützen, indem sie die Photosynthese runterfahren und schließlich alle Blätter durch Wasserentzug abwerfen. Die Herbstfarben waren schon vorher im Blatt vorhanden, wurden aber durch das grüne Chlorophyll verdeckt. Jetzt im Herbst kommen sie als leuchtendes Gelb, Rot oder Braun zum Vorschein.

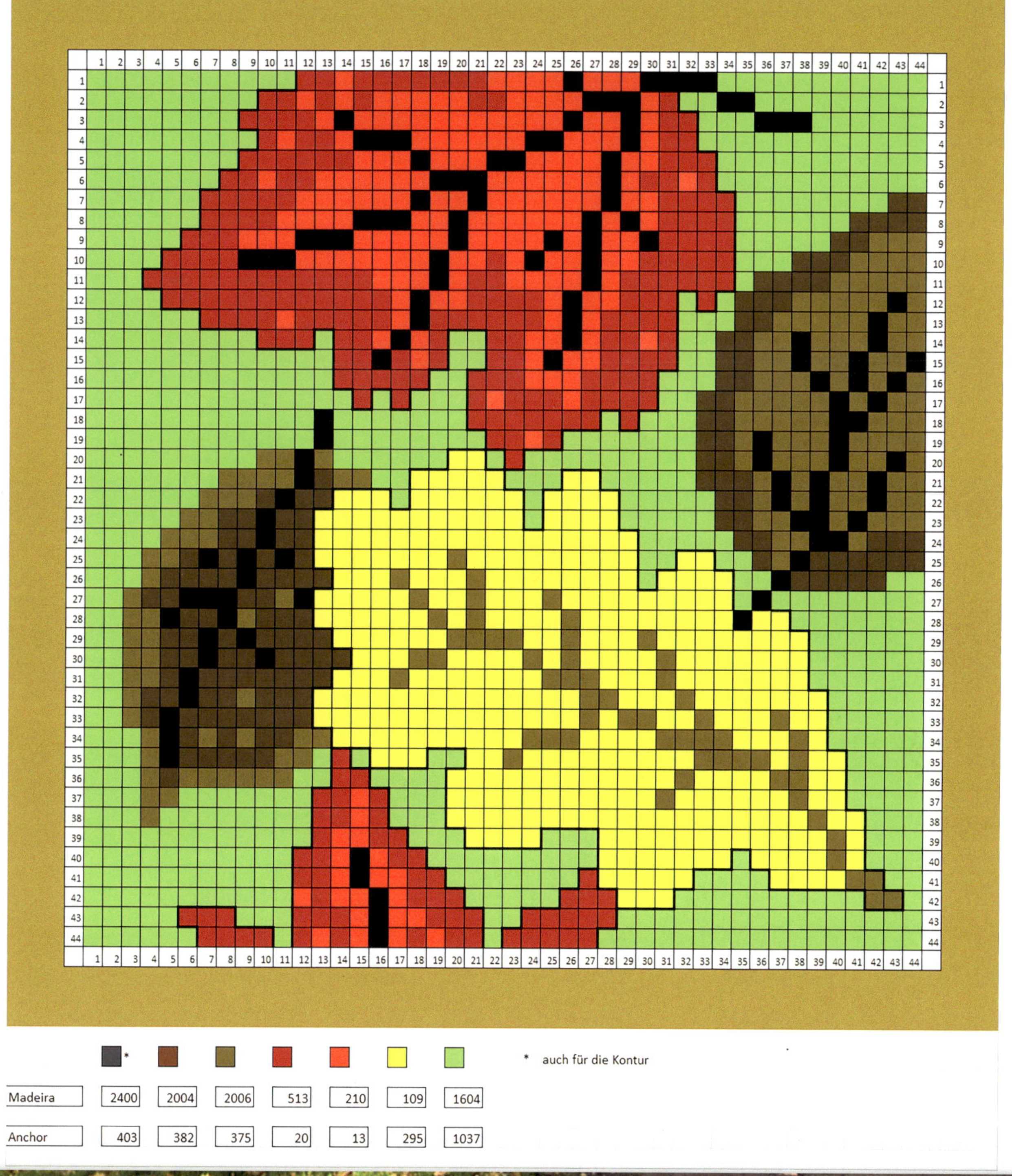

	*						
Madeira	2400	2004	2006	513	210	109	1604
Anchor	403	382	375	20	13	295	1037

* auch für die Kontur

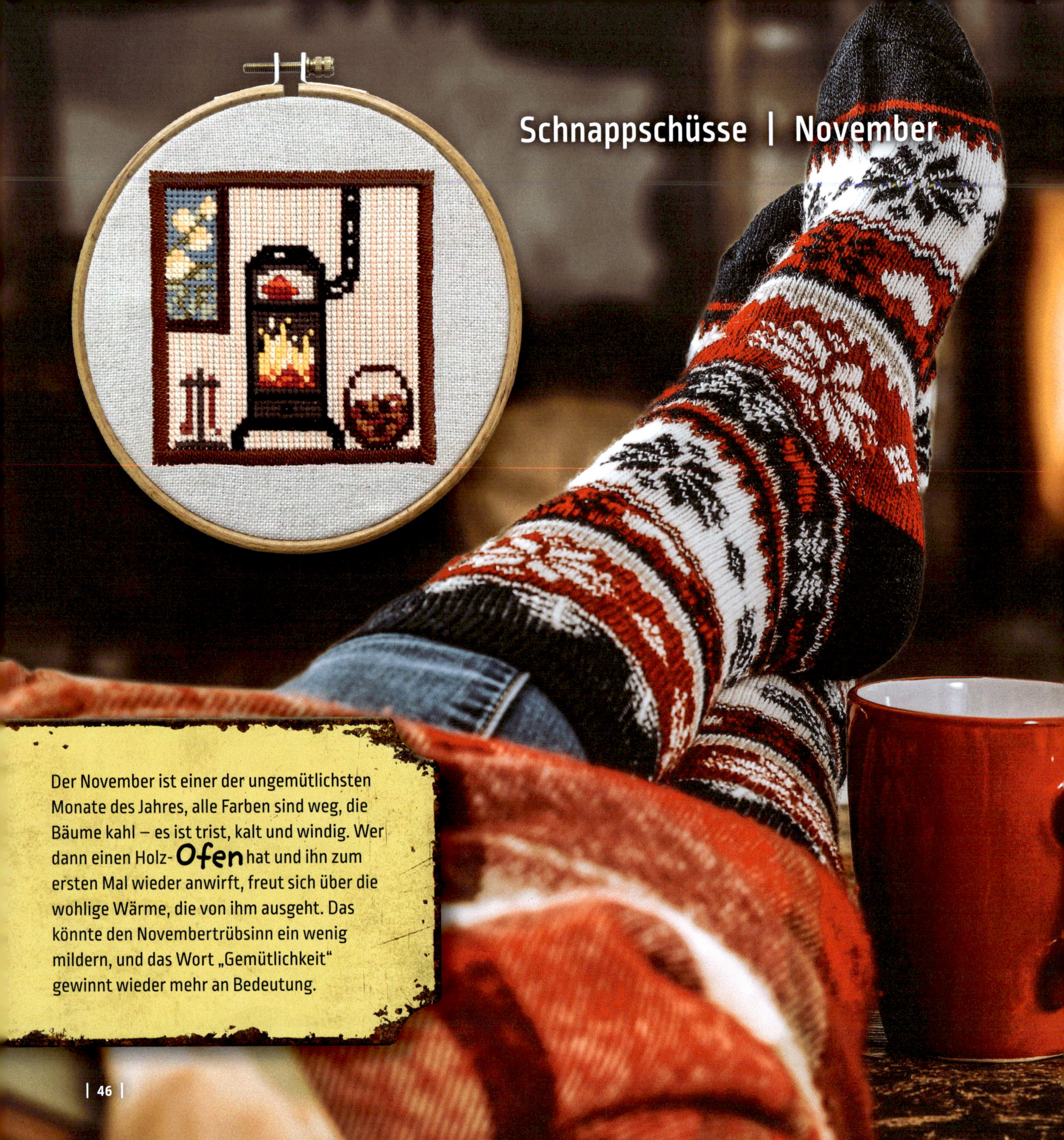

Der November ist einer der ungemütlichsten Monate des Jahres, alle Farben sind weg, die Bäume kahl – es ist trist, kalt und windig. Wer dann einen Holz-**Ofen** hat und ihn zum ersten Mal wieder anwirft, freut sich über die wohlige Wärme, die von ihm ausgeht. Das könnte den Novembertrübsinn ein wenig mildern, und das Wort „Gemütlichkeit" gewinnt wieder mehr an Bedeutung.

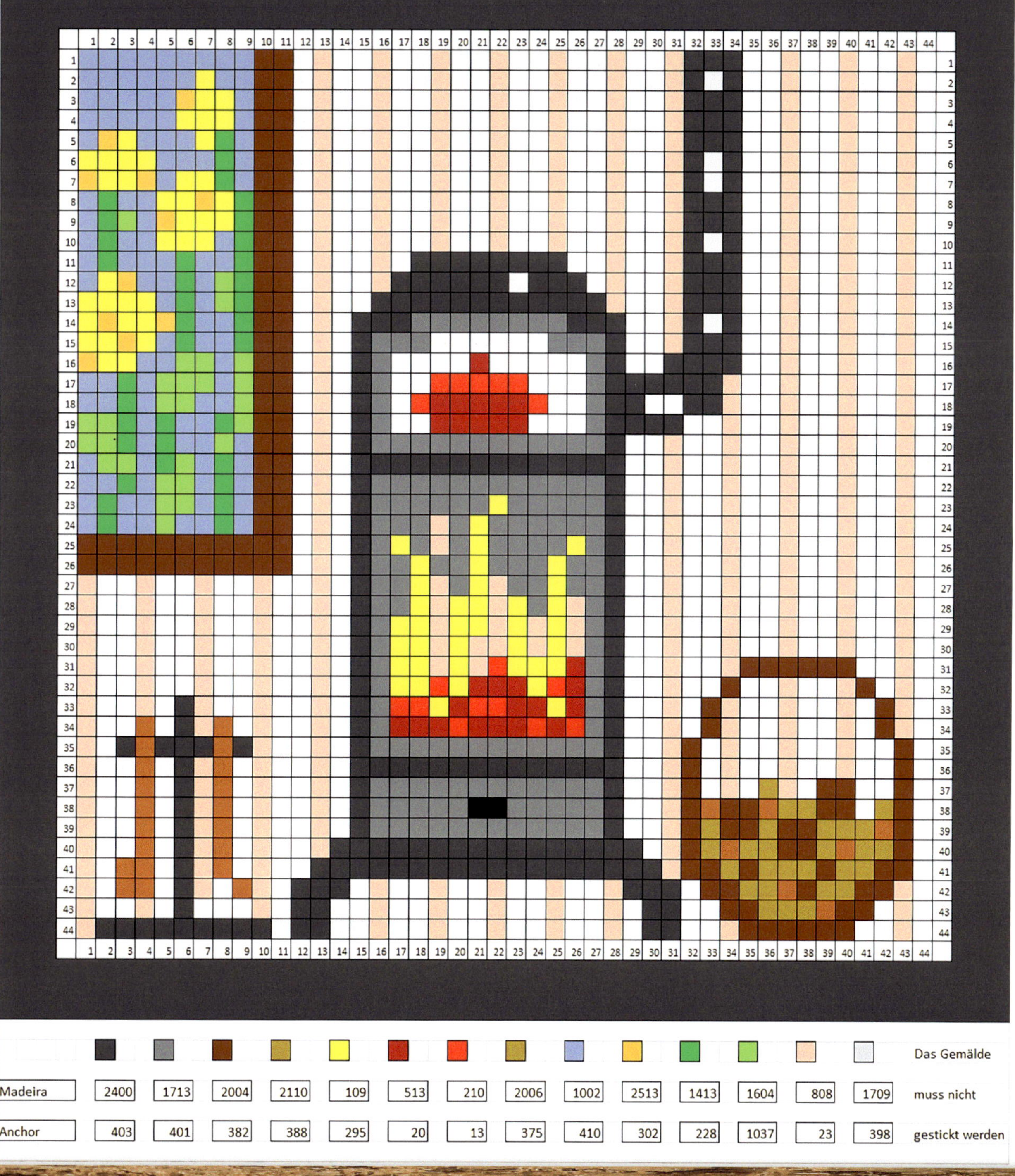

														Das Gemälde
Madeira	2400	1713	2004	2110	109	513	210	2006	1002	2513	1413	1604	808	1709	muss nicht
Anchor	403	401	382	388	295	20	13	375	410	302	228	1037	23	398	gestickt werden

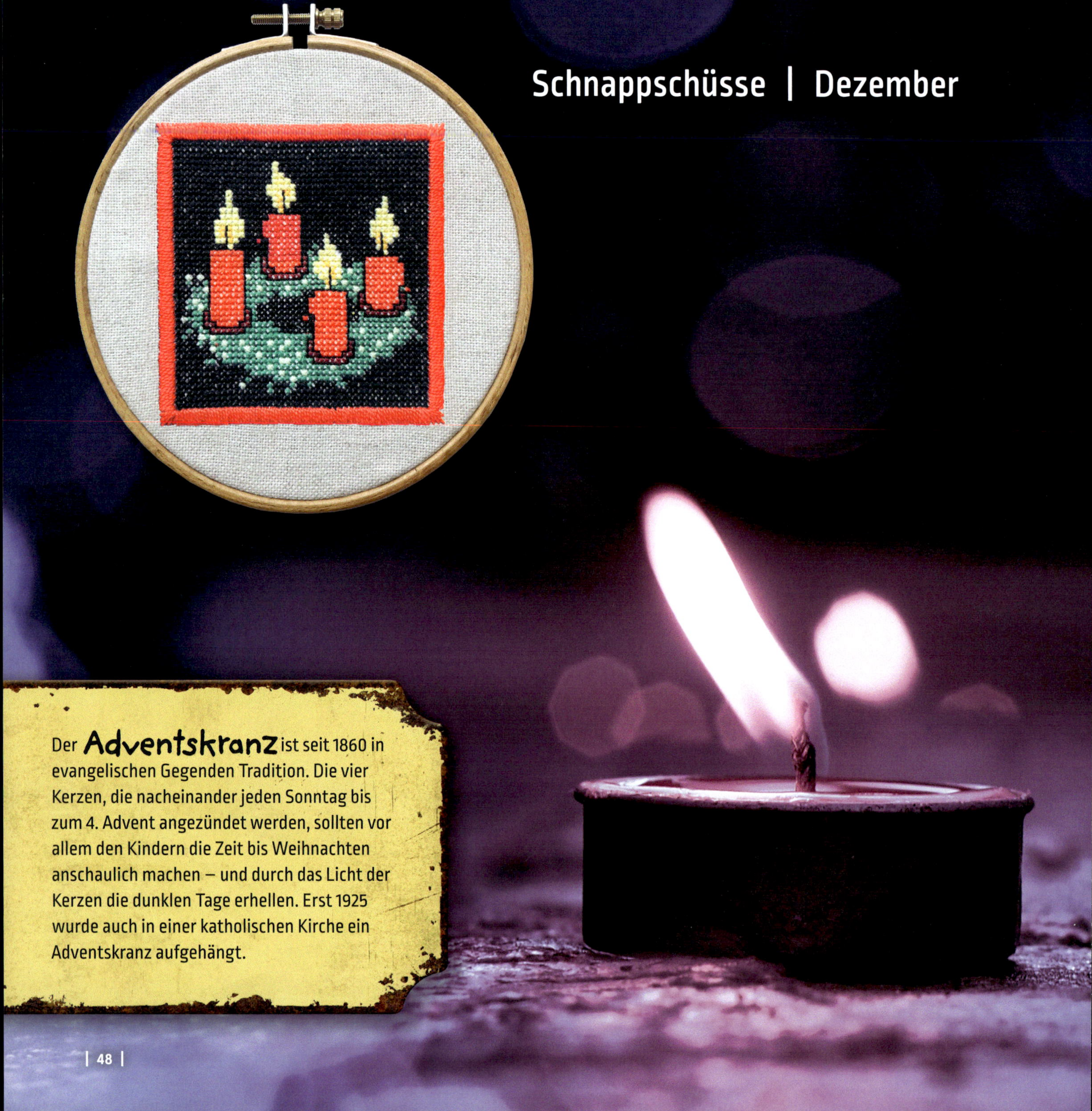

Der **Adventskranz** ist seit 1860 in evangelischen Gegenden Tradition. Die vier Kerzen, die nacheinander jeden Sonntag bis zum 4. Advent angezündet werden, sollten vor allem den Kindern die Zeit bis Weihnachten anschaulich machen – und durch das Licht der Kerzen die dunklen Tage erhellen. Erst 1925 wurde auch in einer katholischen Kirche ein Adventskranz aufgehängt.

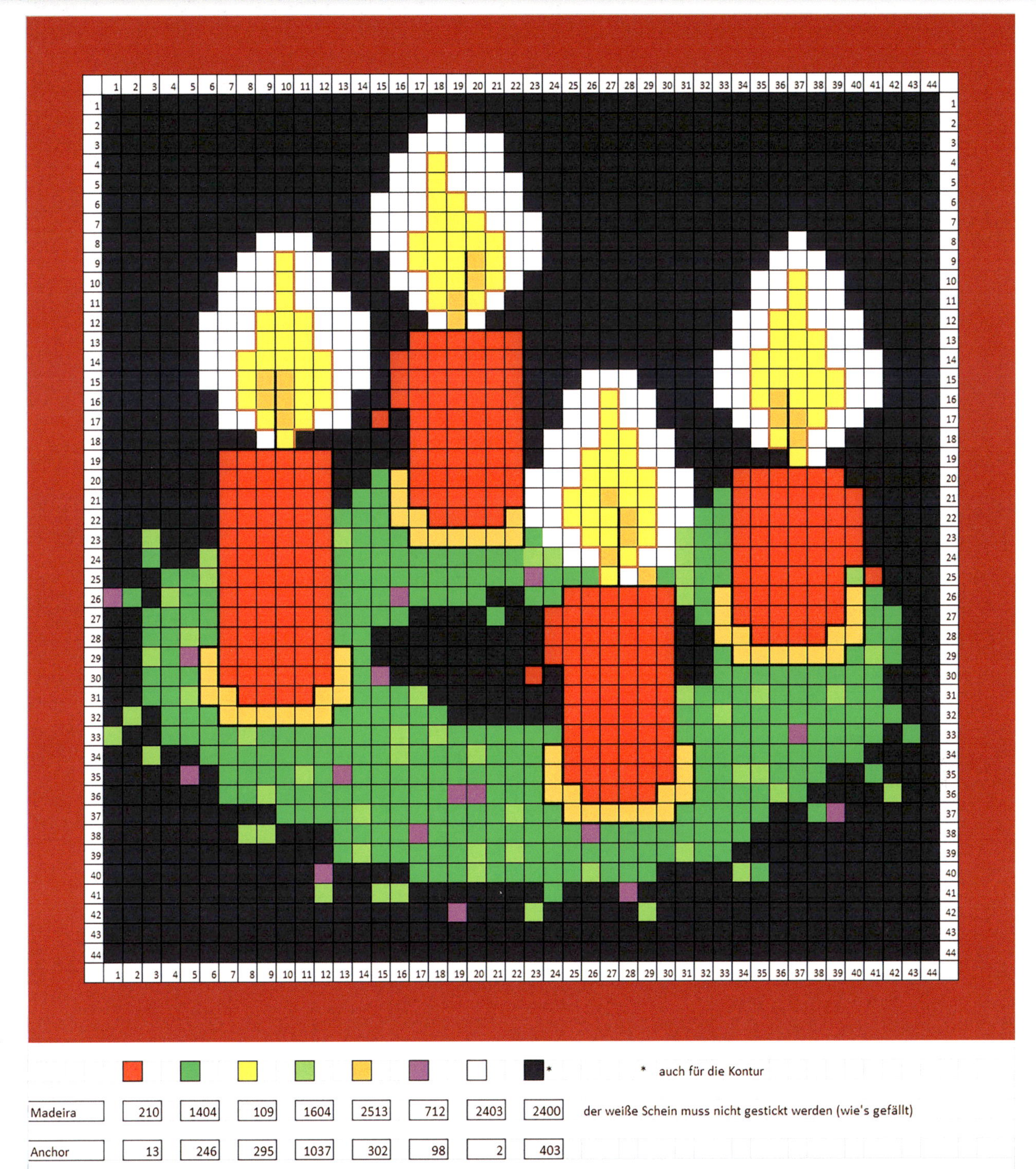

								*
Madeira	210	1404	109	1604	2513	712	2403	2400
Anchor	13	246	295	1037	302	98	2	403

* auch für die Kontur

der weiße Schein muss nicht gestickt werden (wie's gefällt)

Aus dem Garten

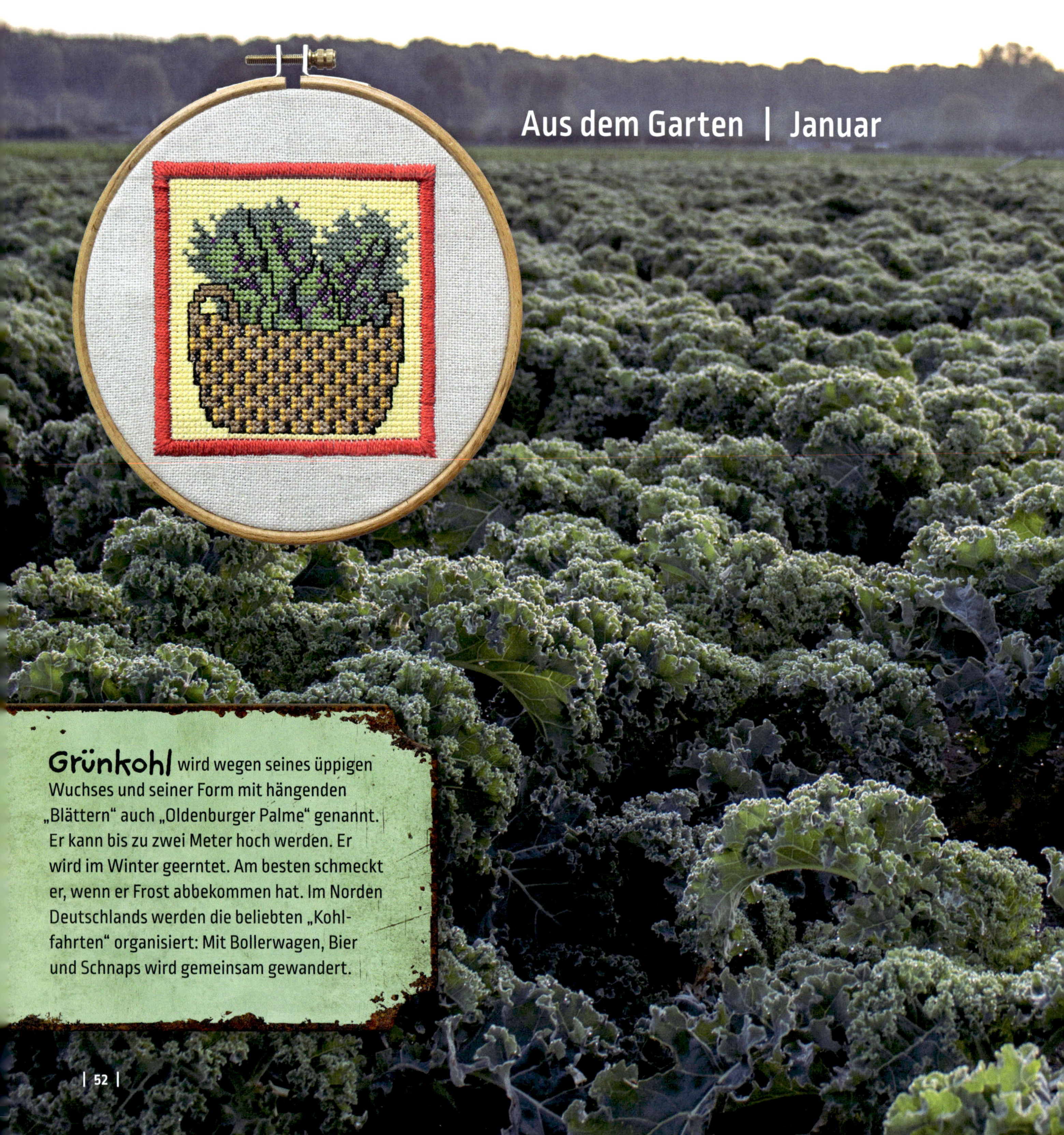

Grünkohl wird wegen seines üppigen Wuchses und seiner Form mit hängenden „Blättern" auch „Oldenburger Palme" genannt. Er kann bis zu zwei Meter hoch werden. Er wird im Winter geerntet. Am besten schmeckt er, wenn er Frost abbekommen hat. Im Norden Deutschlands werden die beliebten „Kohlfahrten" organisiert: Mit Bollerwagen, Bier und Schnaps wird gemeinsam gewandert.

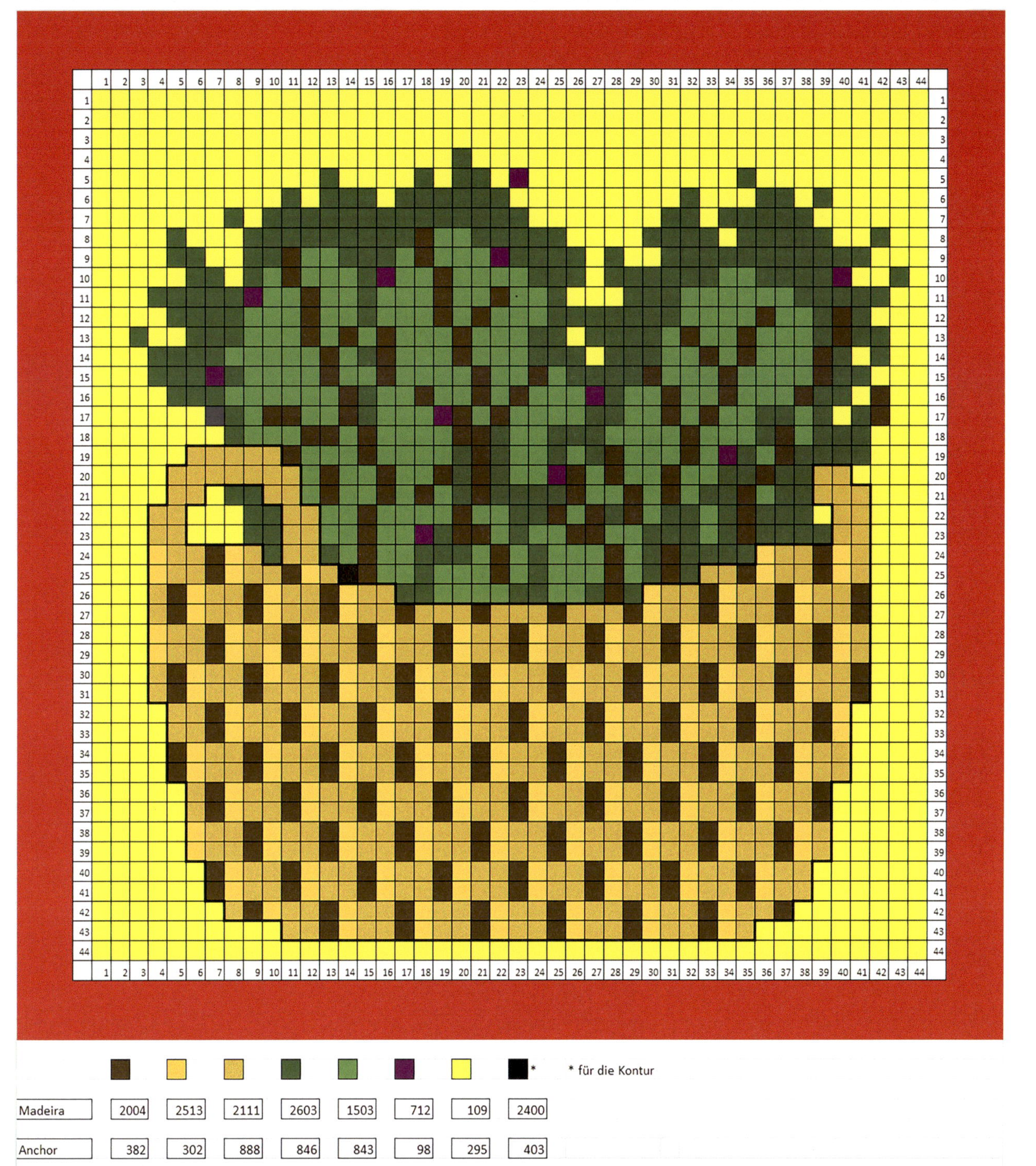

								*
Madeira	2004	2513	2111	2603	1503	712	109	2400
Anchor	382	302	888	846	843	98	295	403

* für die Kontur

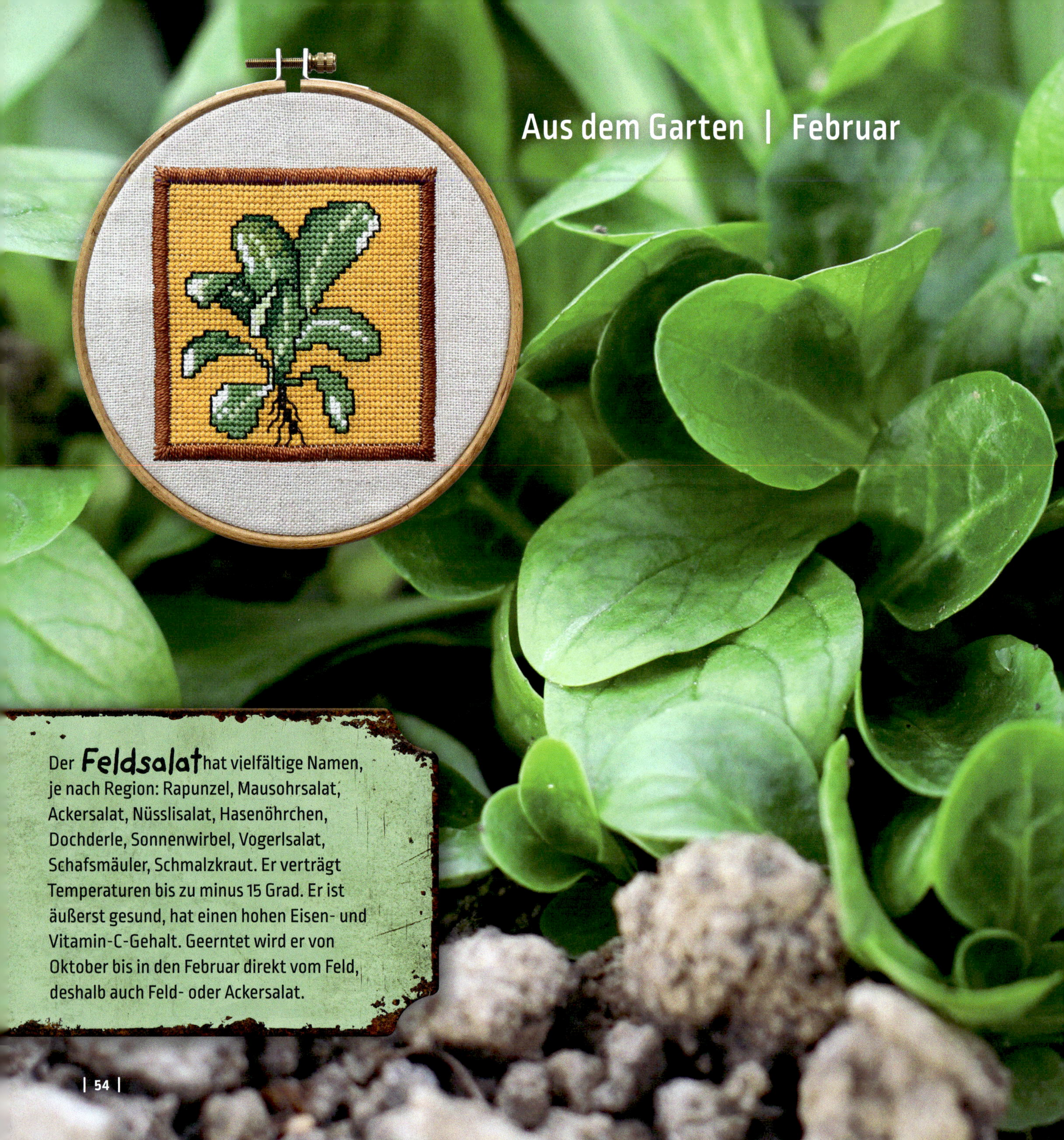

Der **Feldsalat** hat vielfältige Namen, je nach Region: Rapunzel, Mausohrsalat, Ackersalat, Nüsslisalat, Hasenöhrchen, Dochderle, Sonnenwirbel, Vogerlsalat, Schafsmäuler, Schmalzkraut. Er verträgt Temperaturen bis zu minus 15 Grad. Er ist äußerst gesund, hat einen hohen Eisen- und Vitamin-C-Gehalt. Geerntet wird er von Oktober bis in den Februar direkt vom Feld, deshalb auch Feld- oder Ackersalat.

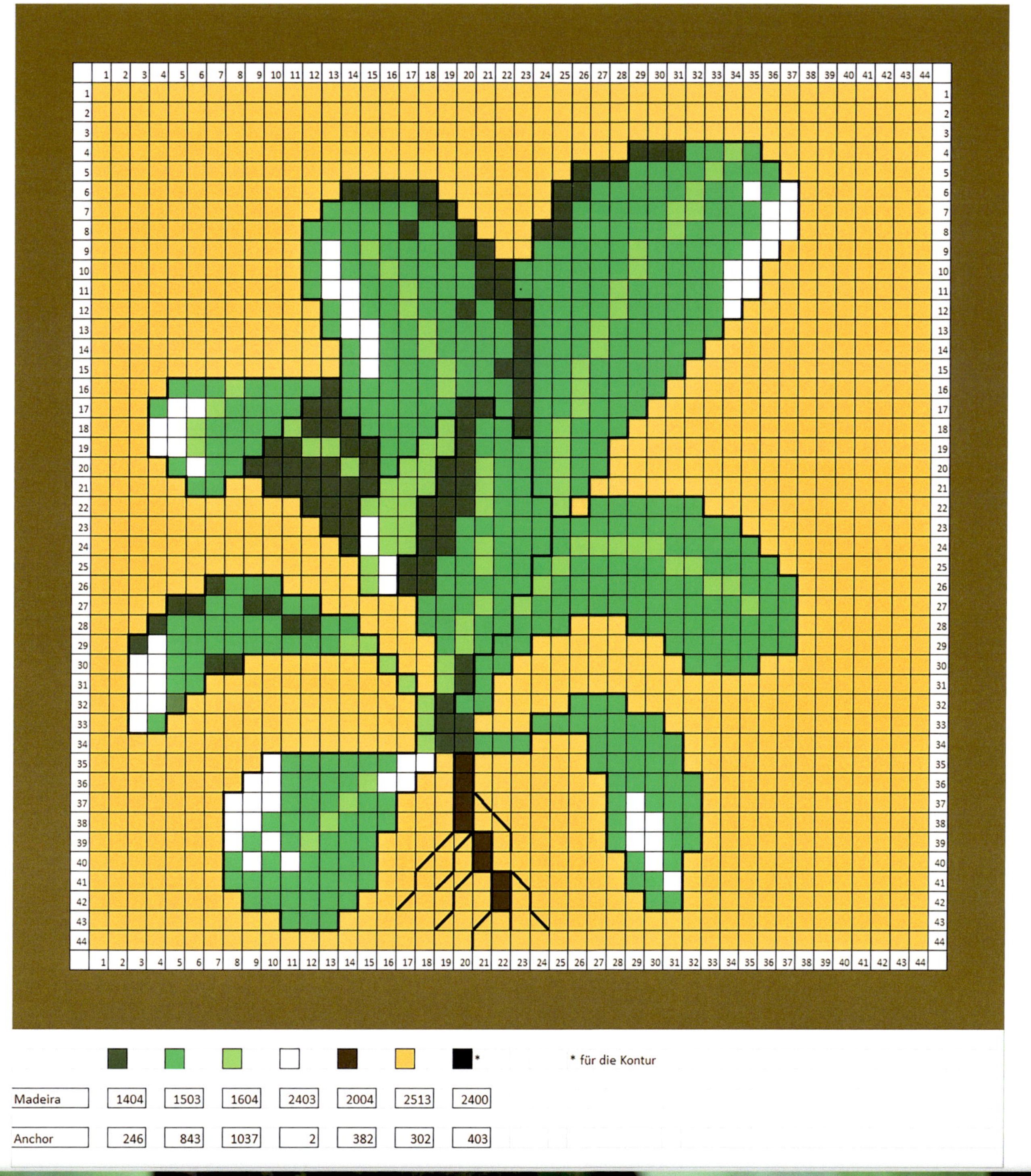

Madeira	1404	1503	1604	2403	2004	2513	2400*
Anchor	246	843	1037	2	382	302	403

* für die Kontur

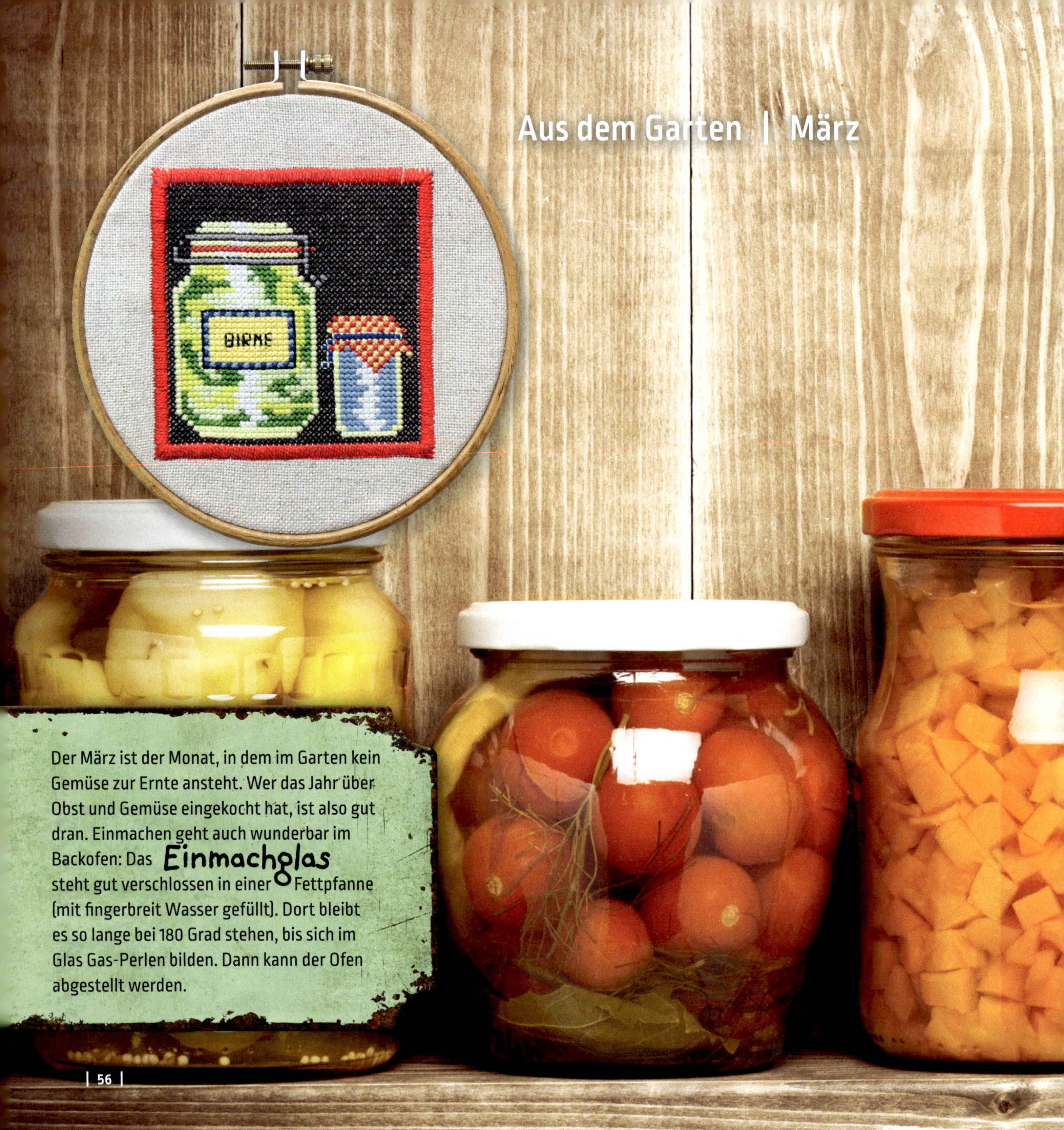

Der März ist der Monat, in dem im Garten kein Gemüse zur Ernte ansteht. Wer das Jahr über Obst und Gemüse eingekocht hat, ist also gut dran. Einmachen geht auch wunderbar im Backofen: Das **Einmachglas** steht gut verschlossen in einer Fettpfanne (mit fingerbreit Wasser gefüllt). Dort bleibt es so lange bei 180 Grad stehen, bis sich im Glas Gas-Perlen bilden. Dann kann der Ofen abgestellt werden.

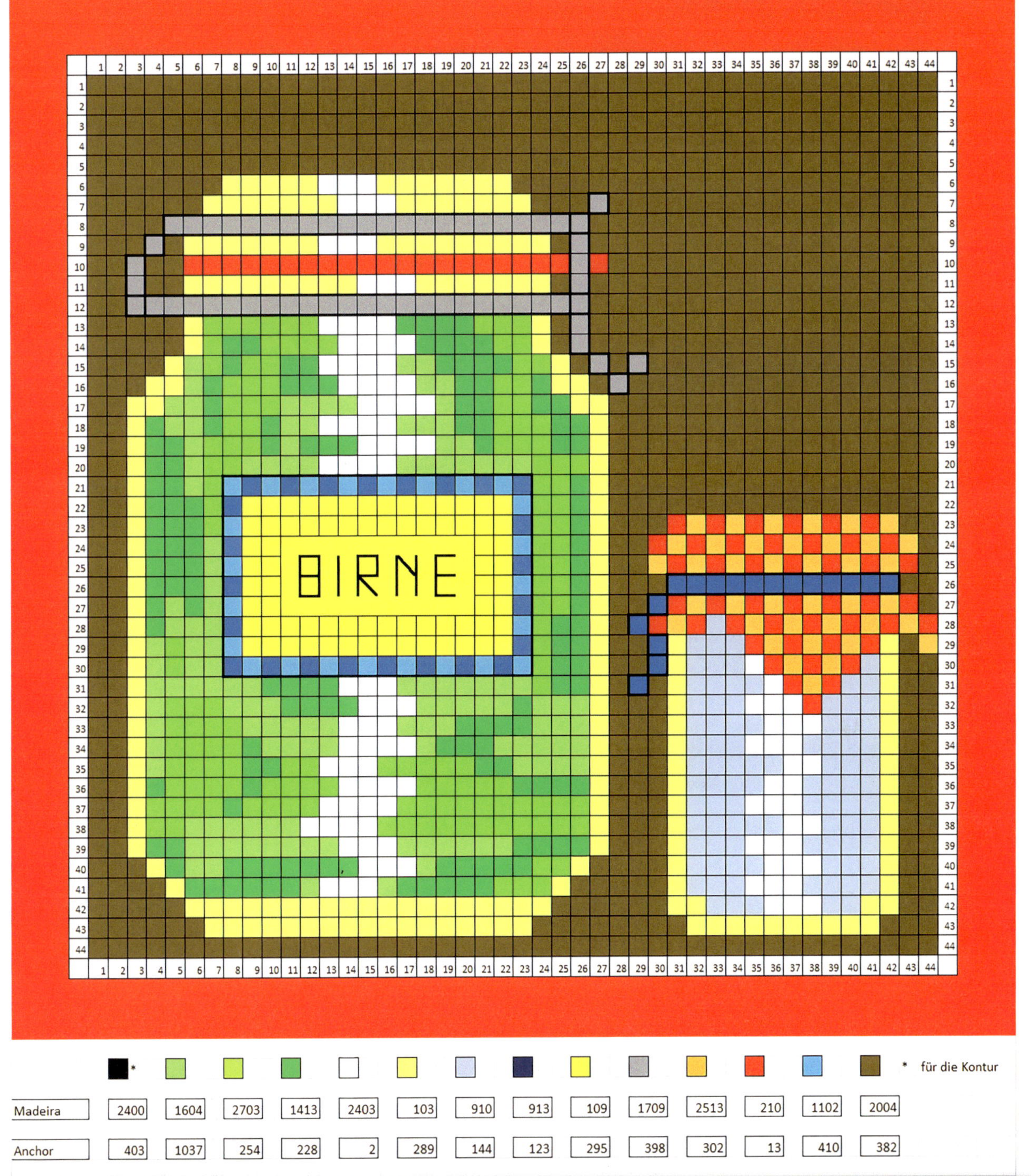

	Schwarz*													
Madeira	2400	1604	2703	1413	2403	103	910	913	109	1709	2513	210	1102	2004
Anchor	403	1037	254	228	2	289	144	123	295	398	302	13	410	382

* für die Kontur

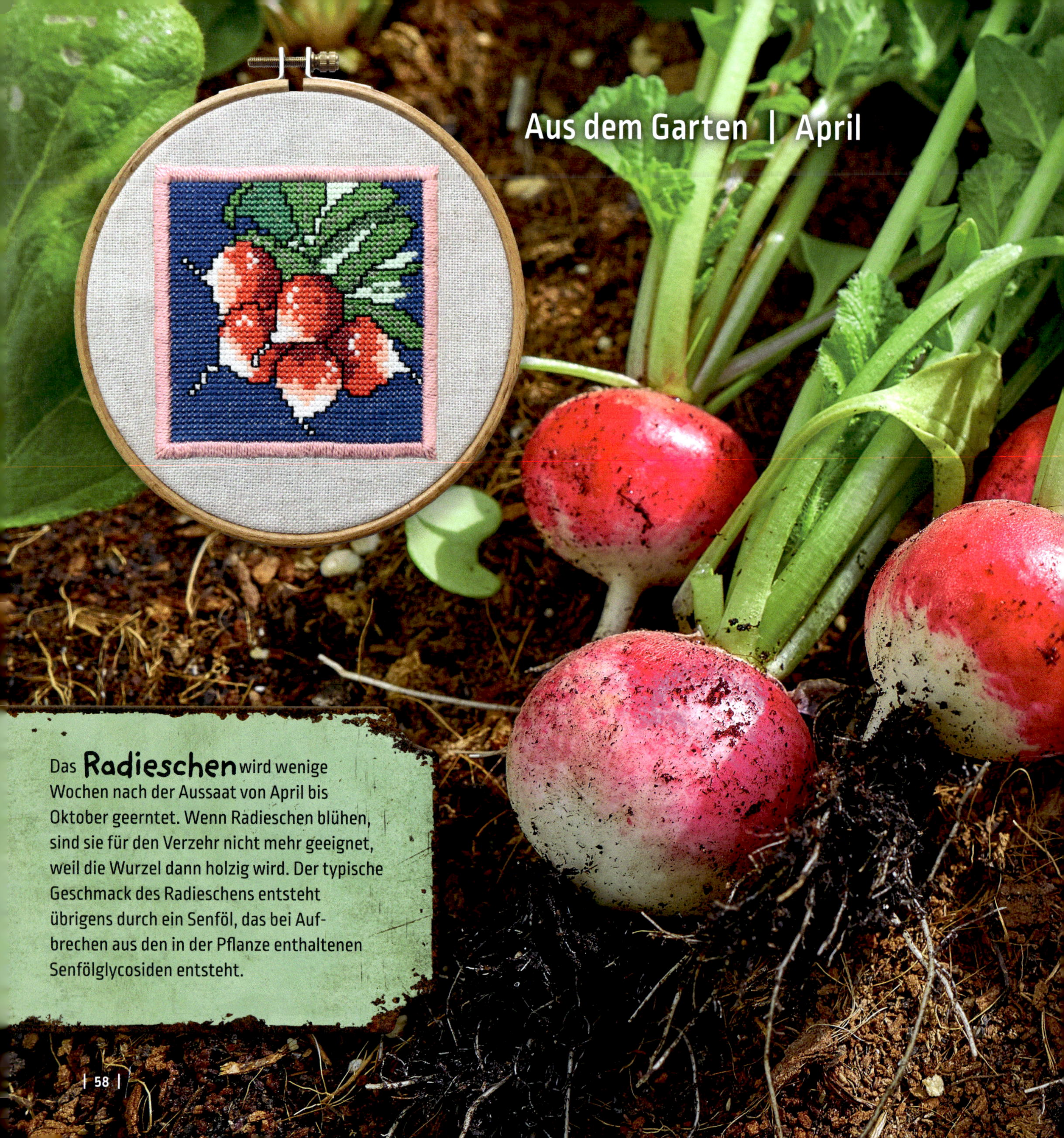

Das **Radieschen** wird wenige Wochen nach der Aussaat von April bis Oktober geerntet. Wenn Radieschen blühen, sind sie für den Verzehr nicht mehr geeignet, weil die Wurzel dann holzig wird. Der typische Geschmack des Radieschens entsteht übrigens durch ein Senföl, das bei Aufbrechen aus den in der Pflanze enthaltenen Senfölglycosiden entsteht.

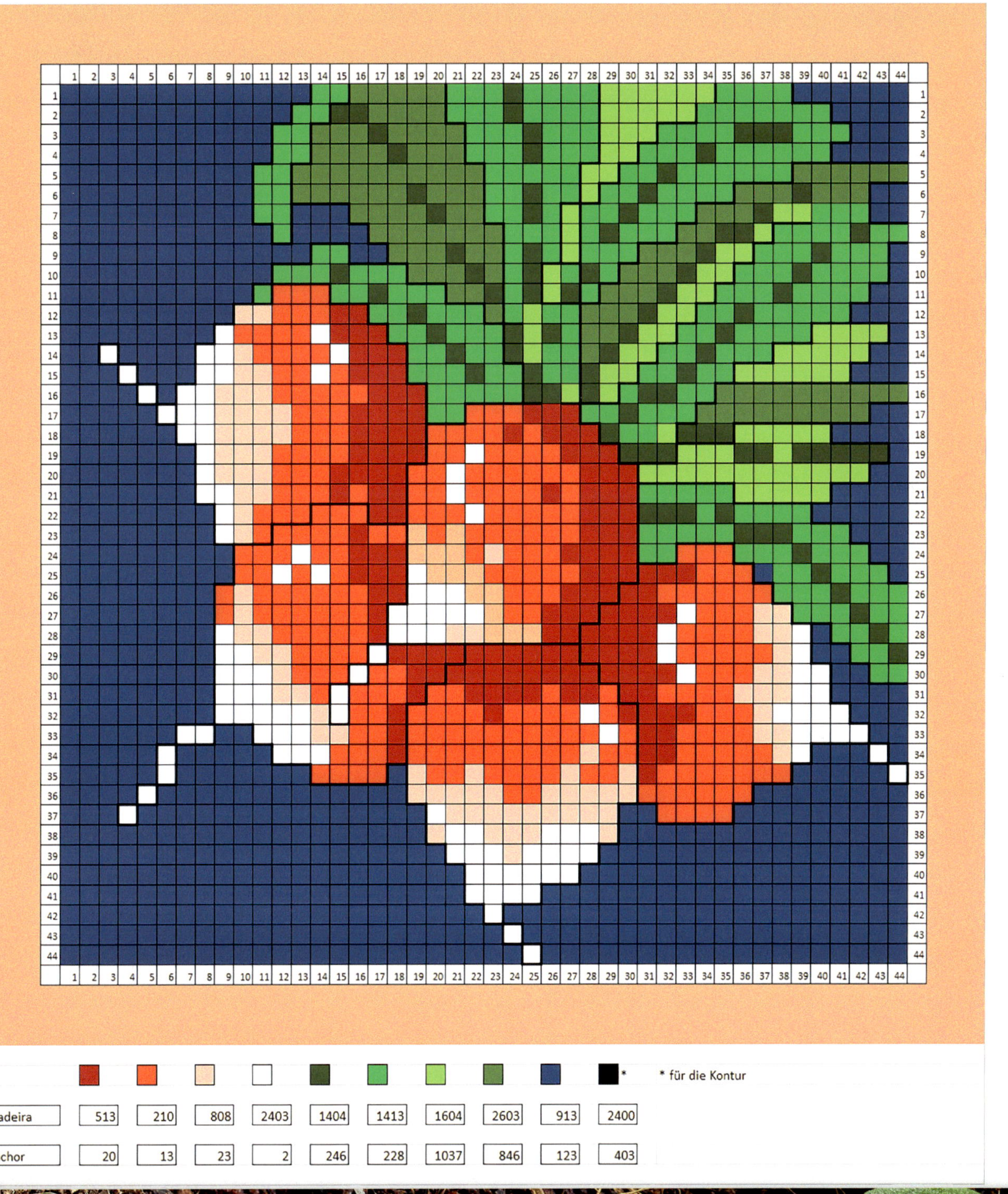

Madeira	513	210	808	2403	1404	1413	1604	2603	913	2400
Anchor	20	13	23	2	246	228	1037	846	123	403*

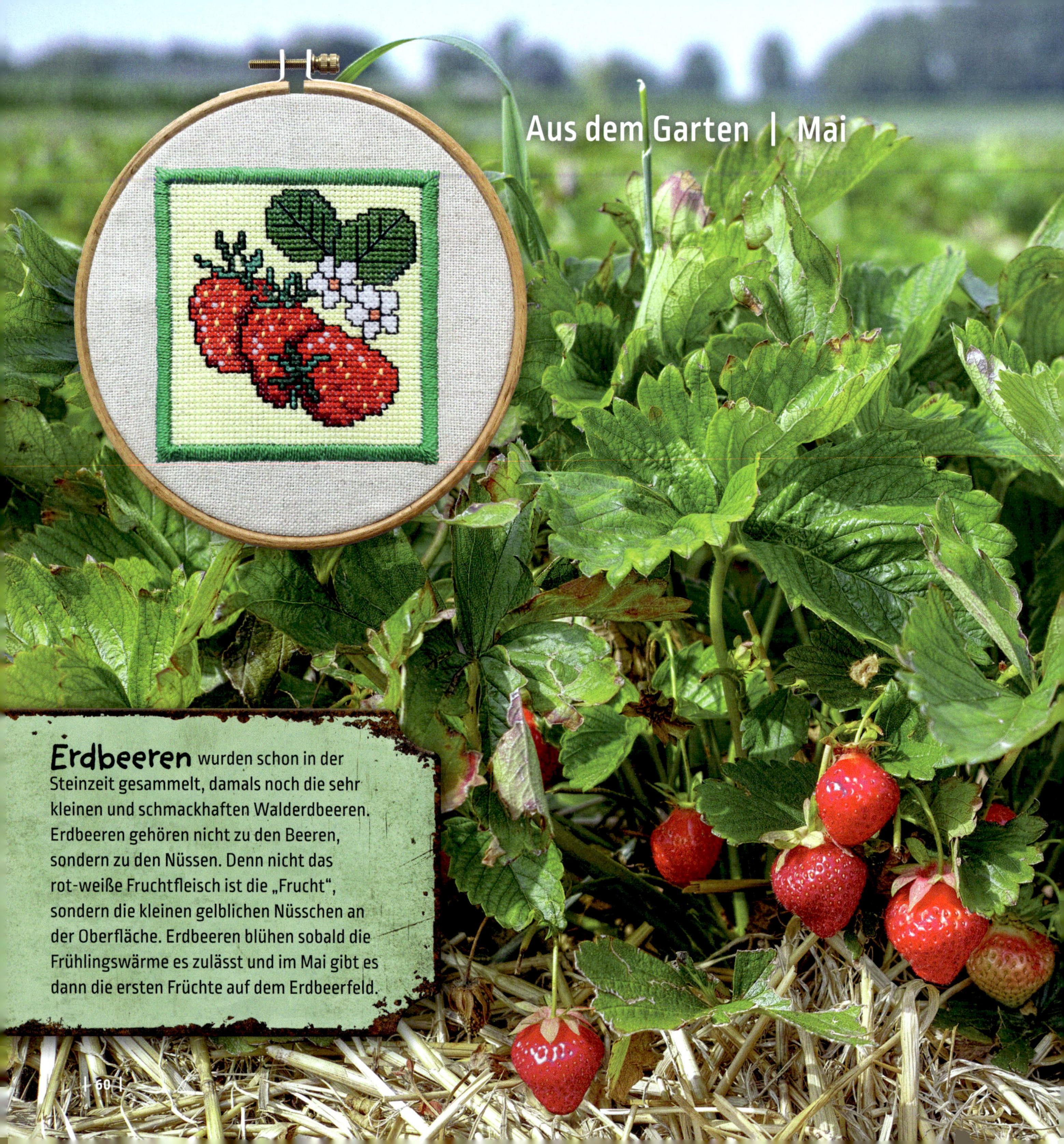

Erdbeeren wurden schon in der Steinzeit gesammelt, damals noch die sehr kleinen und schmackhaften Walderdbeeren. Erdbeeren gehören nicht zu den Beeren, sondern zu den Nüssen. Denn nicht das rot-weiße Fruchtfleisch ist die „Frucht“, sondern die kleinen gelblichen Nüsschen an der Oberfläche. Erdbeeren blühen sobald die Frühlingswärme es zulässt und im Mai gibt es dann die ersten Früchte auf dem Erdbeerfeld.

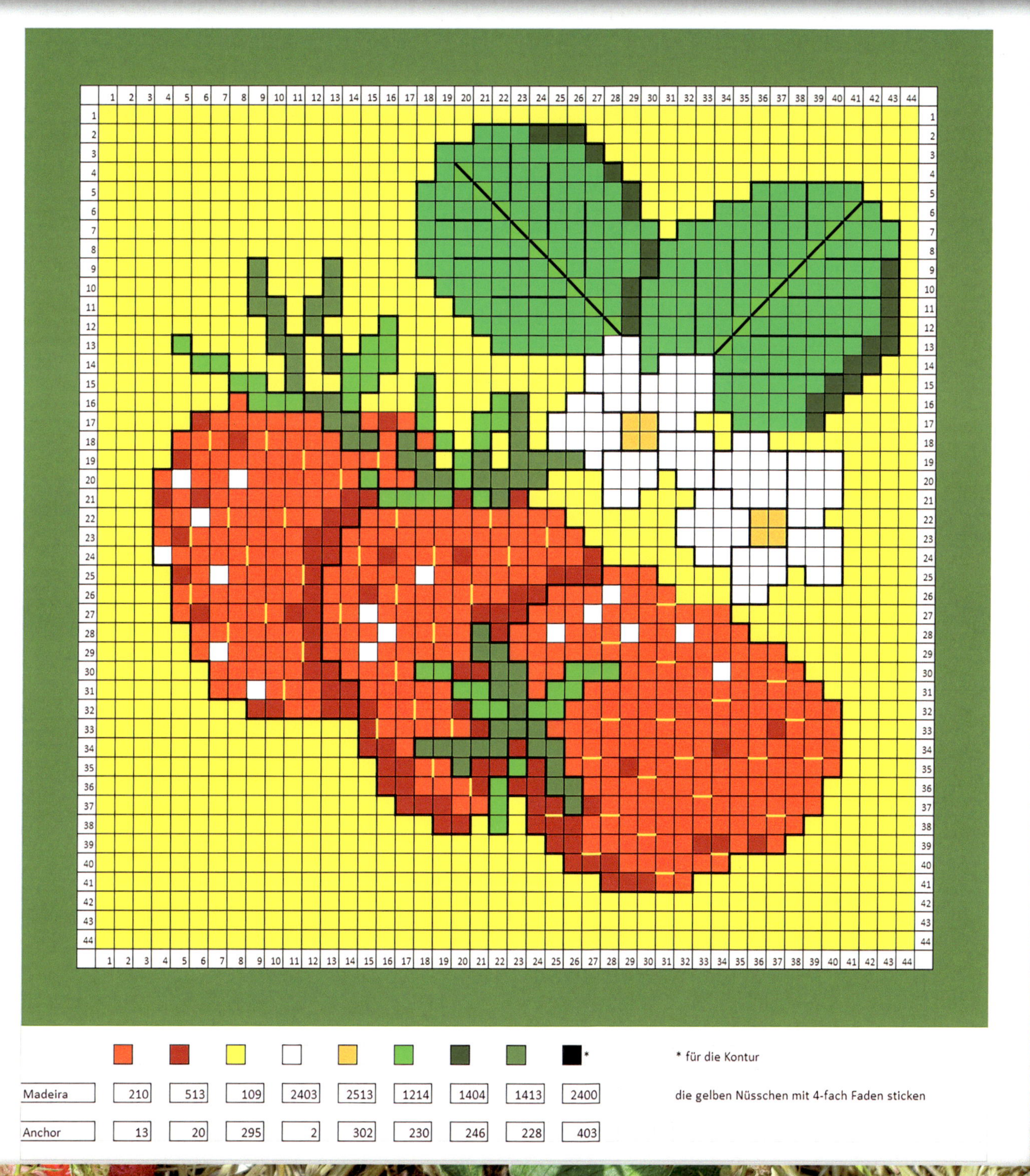

									*
Madeira	210	513	109	2403	2513	1214	1404	1413	2400
Anchor	13	20	295	2	302	230	246	228	403

* für die Kontur

die gelben Nüsschen mit 4-fach Faden sticken

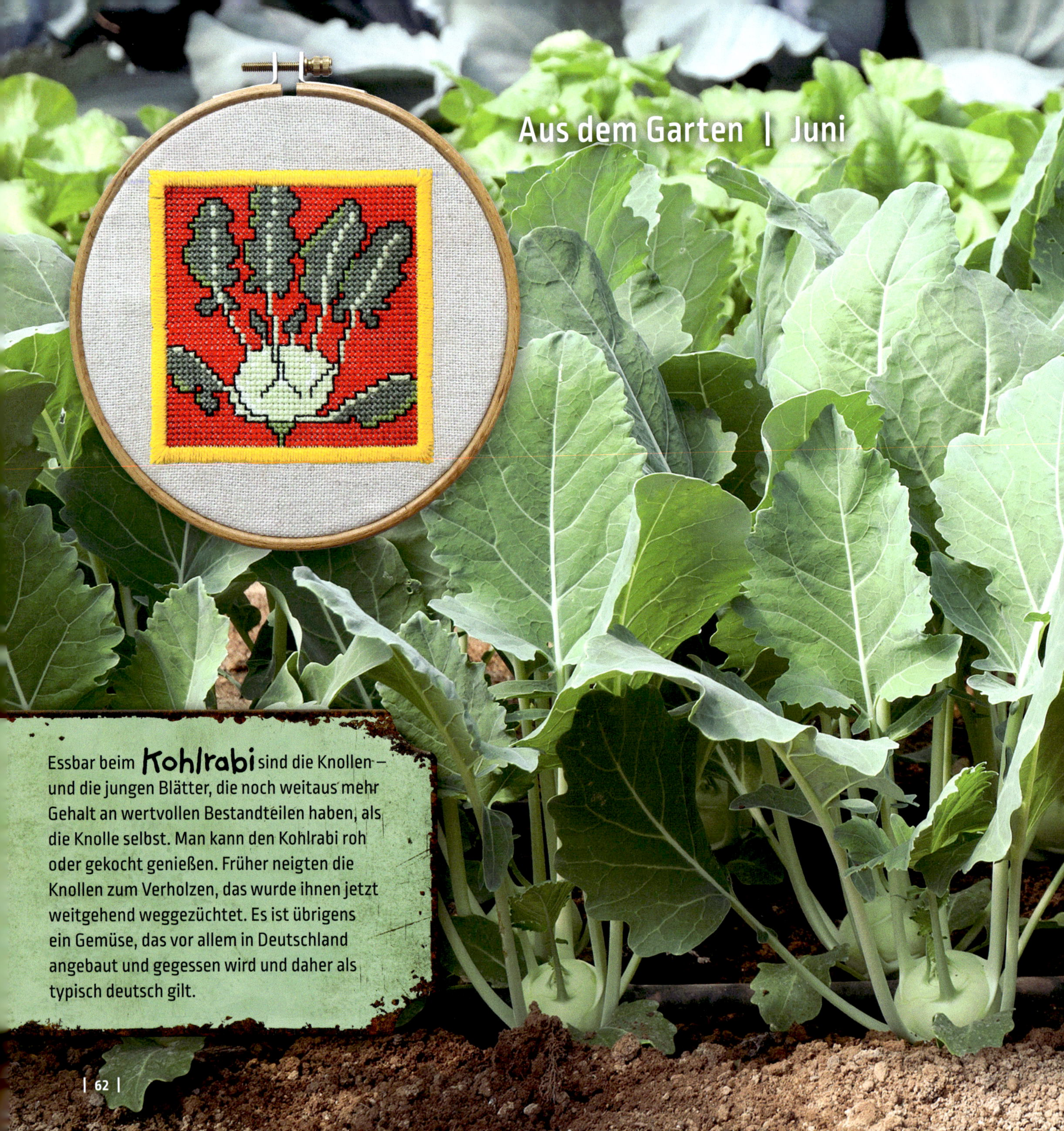

Essbar beim **Kohlrabi** sind die Knollen – und die jungen Blätter, die noch weitaus mehr Gehalt an wertvollen Bestandteilen haben, als die Knolle selbst. Man kann den Kohlrabi roh oder gekocht genießen. Früher neigten die Knollen zum Verholzen, das wurde ihnen jetzt weitgehend weggezüchtet. Es ist übrigens ein Gemüse, das vor allem in Deutschland angebaut und gegessen wird und daher als typisch deutsch gilt.

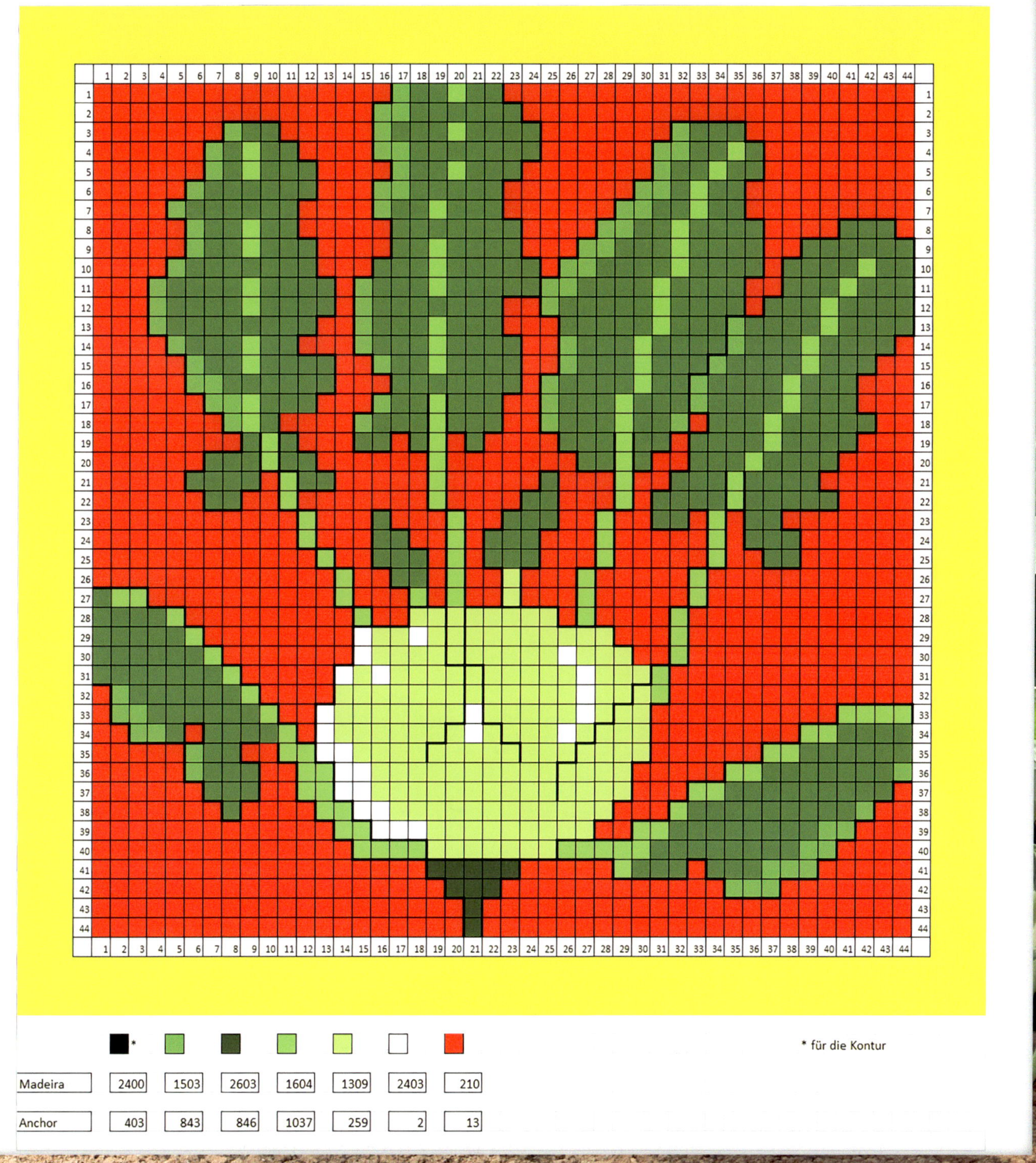

	*						
Madeira	2400	1503	2603	1604	1309	2403	210
Anchor	403	843	846	1037	259	2	13

* für die Kontur

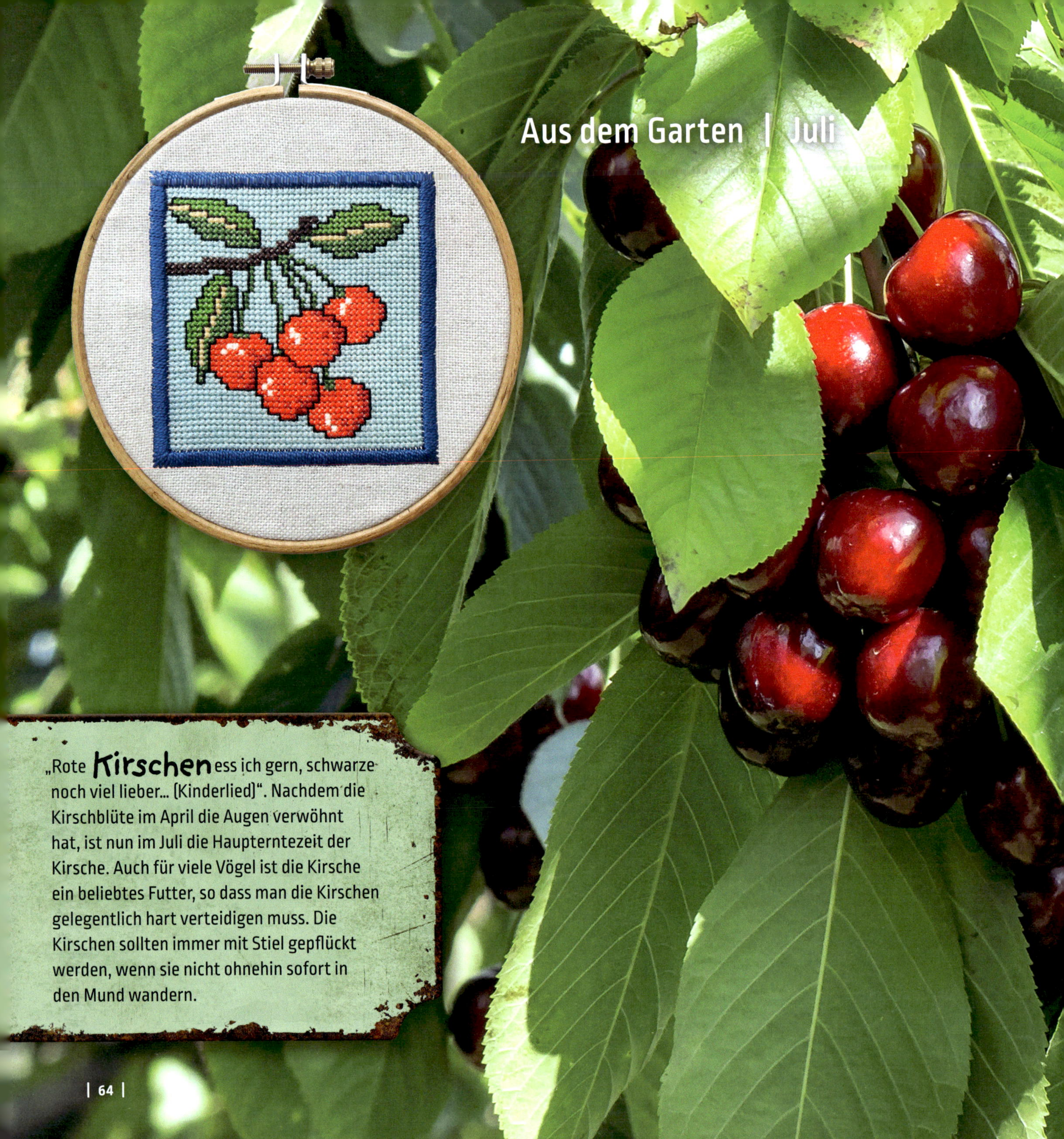

„Rote **Kirschen** ess ich gern, schwarze noch viel lieber... (Kinderlied)". Nachdem die Kirschblüte im April die Augen verwöhnt hat, ist nun im Juli die Haupterntezeit der Kirsche. Auch für viele Vögel ist die Kirsche ein beliebtes Futter, so dass man die Kirschen gelegentlich hart verteidigen muss. Die Kirschen sollten immer mit Stiel gepflückt werden, wenn sie nicht ohnehin sofort in den Mund wandern.

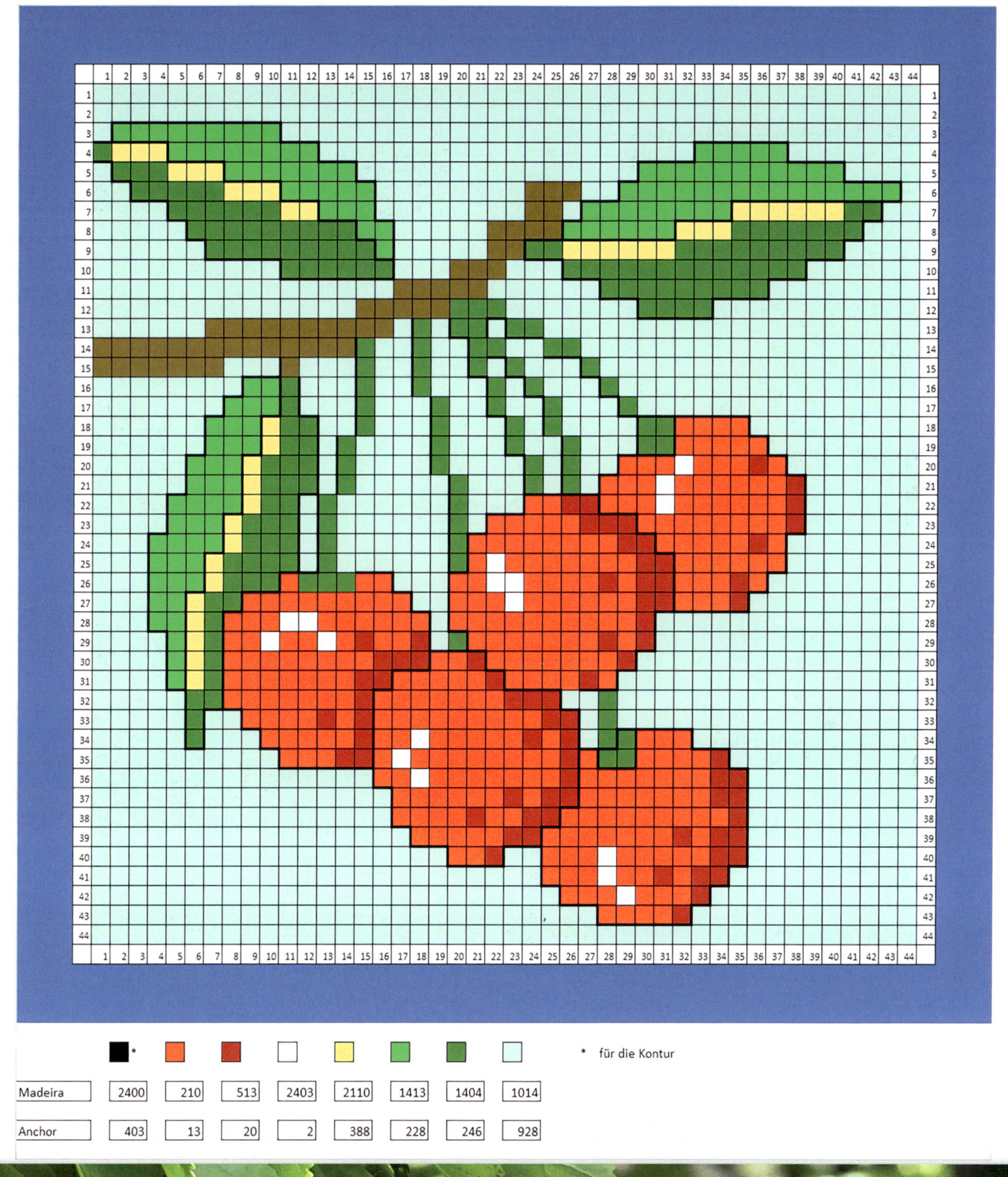

	■*								
Madeira	2400	210	513	2403	2110	1413	1404	1014	
Anchor	403	13	20	2	388	228	246	928	

* für die Kontur

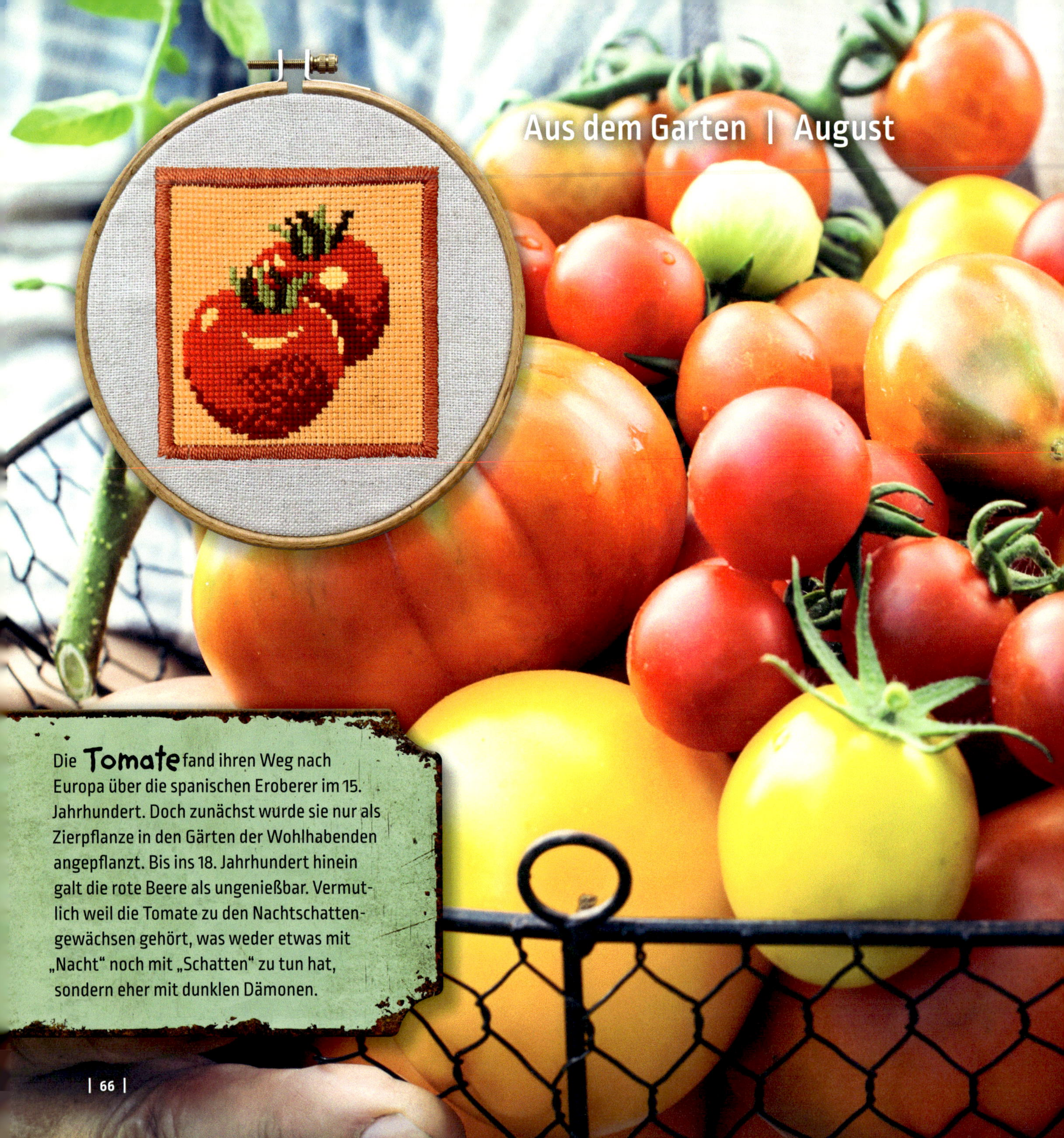

Die **Tomate** fand ihren Weg nach Europa über die spanischen Eroberer im 15. Jahrhundert. Doch zunächst wurde sie nur als Zierpflanze in den Gärten der Wohlhabenden angepflanzt. Bis ins 18. Jahrhundert hinein galt die rote Beere als ungenießbar. Vermutlich weil die Tomate zu den Nachtschattengewächsen gehört, was weder etwas mit „Nacht" noch mit „Schatten" zu tun hat, sondern eher mit dunklen Dämonen.

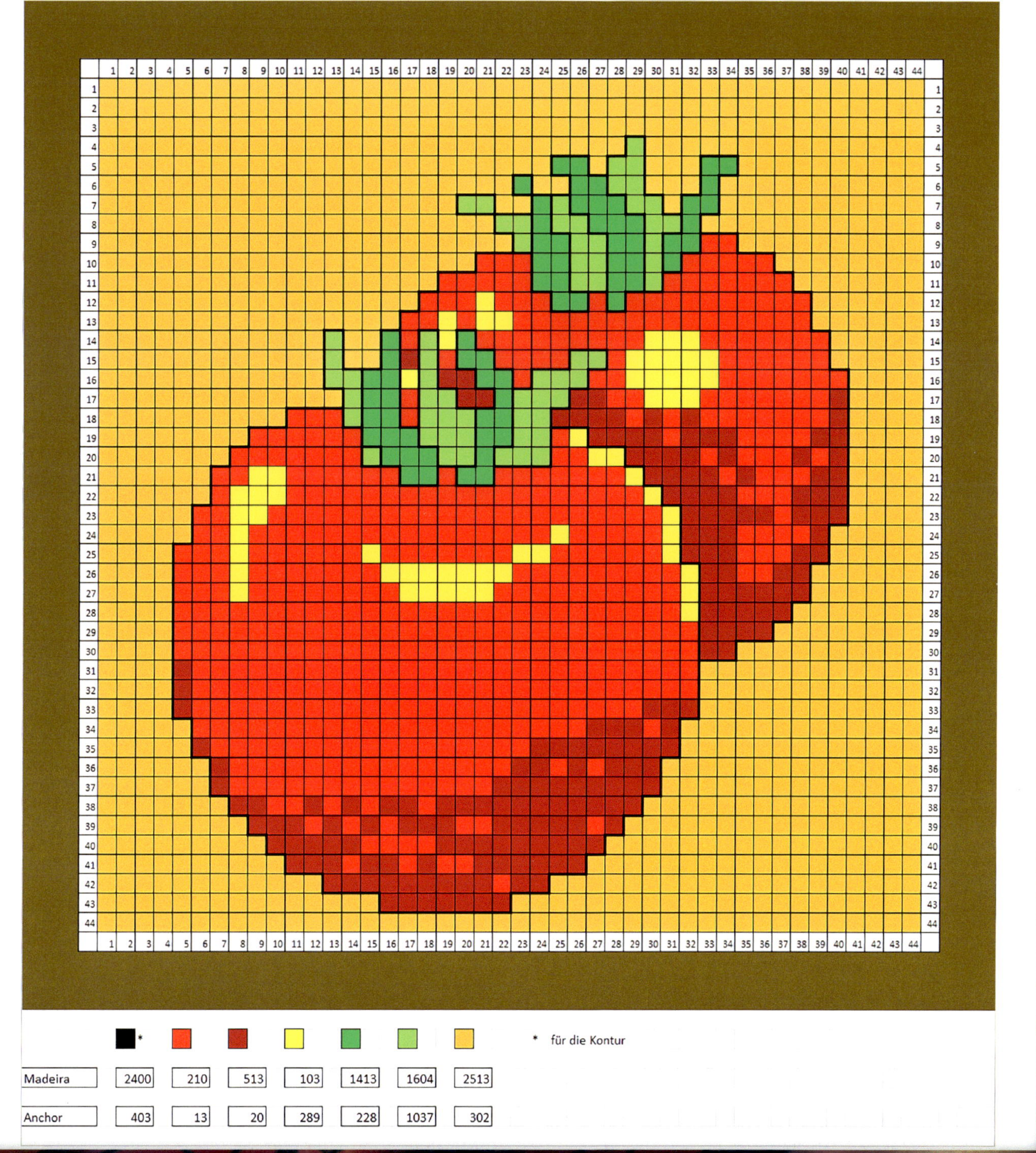

* für die Kontur
Madeira
2400
210
513
103
1413
1604
2513
Anchor
403
13
20
289
228
1037
302

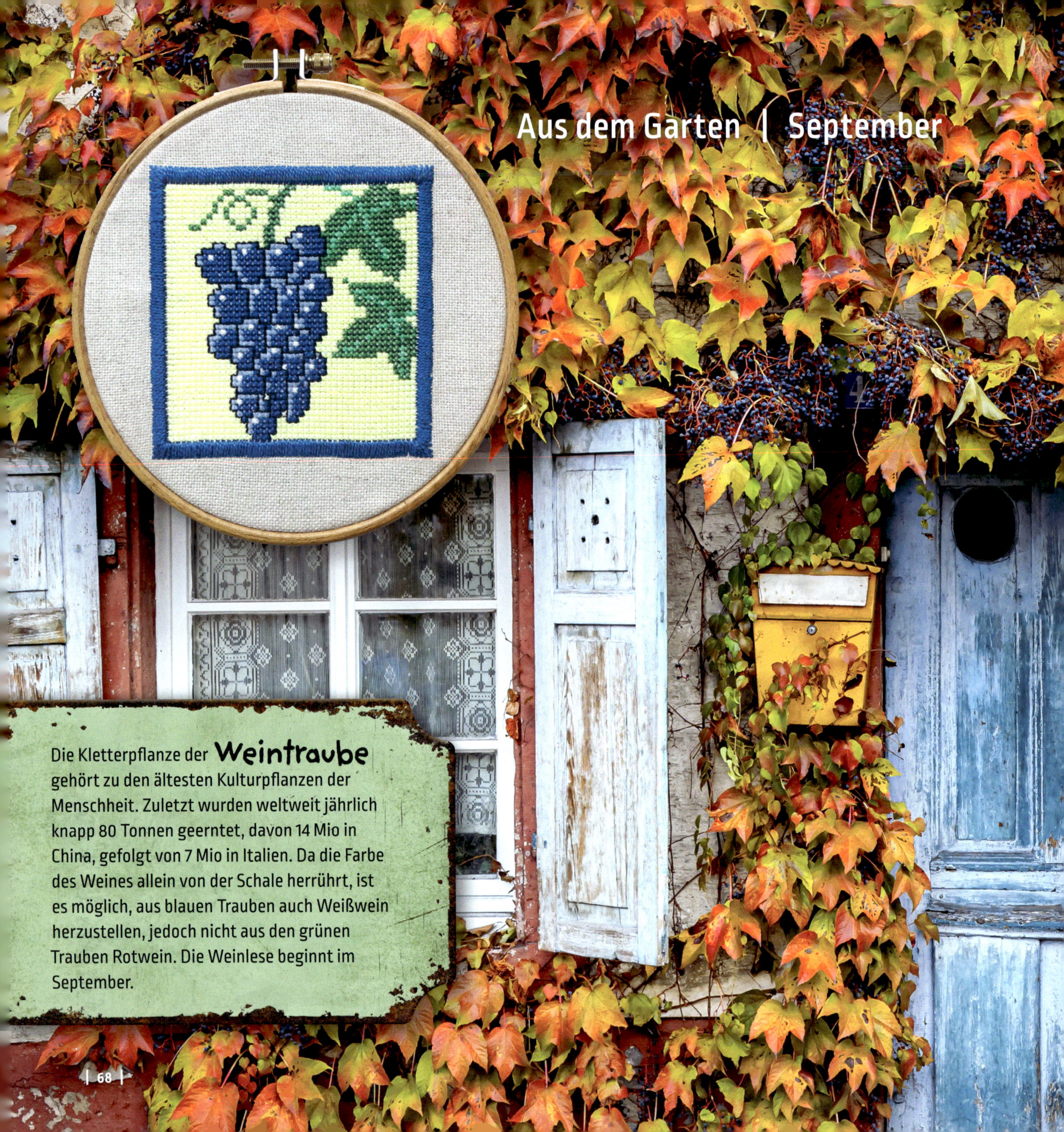

Die Kletterpflanze der **Weintraube** gehört zu den ältesten Kulturpflanzen der Menschheit. Zuletzt wurden weltweit jährlich knapp 80 Tonnen geerntet, davon 14 Mio in China, gefolgt von 7 Mio in Italien. Da die Farbe des Weines allein von der Schale herrührt, ist es möglich, aus blauen Trauben auch Weißwein herzustellen, jedoch nicht aus den grünen Trauben Rotwein. Die Weinlese beginnt im September.

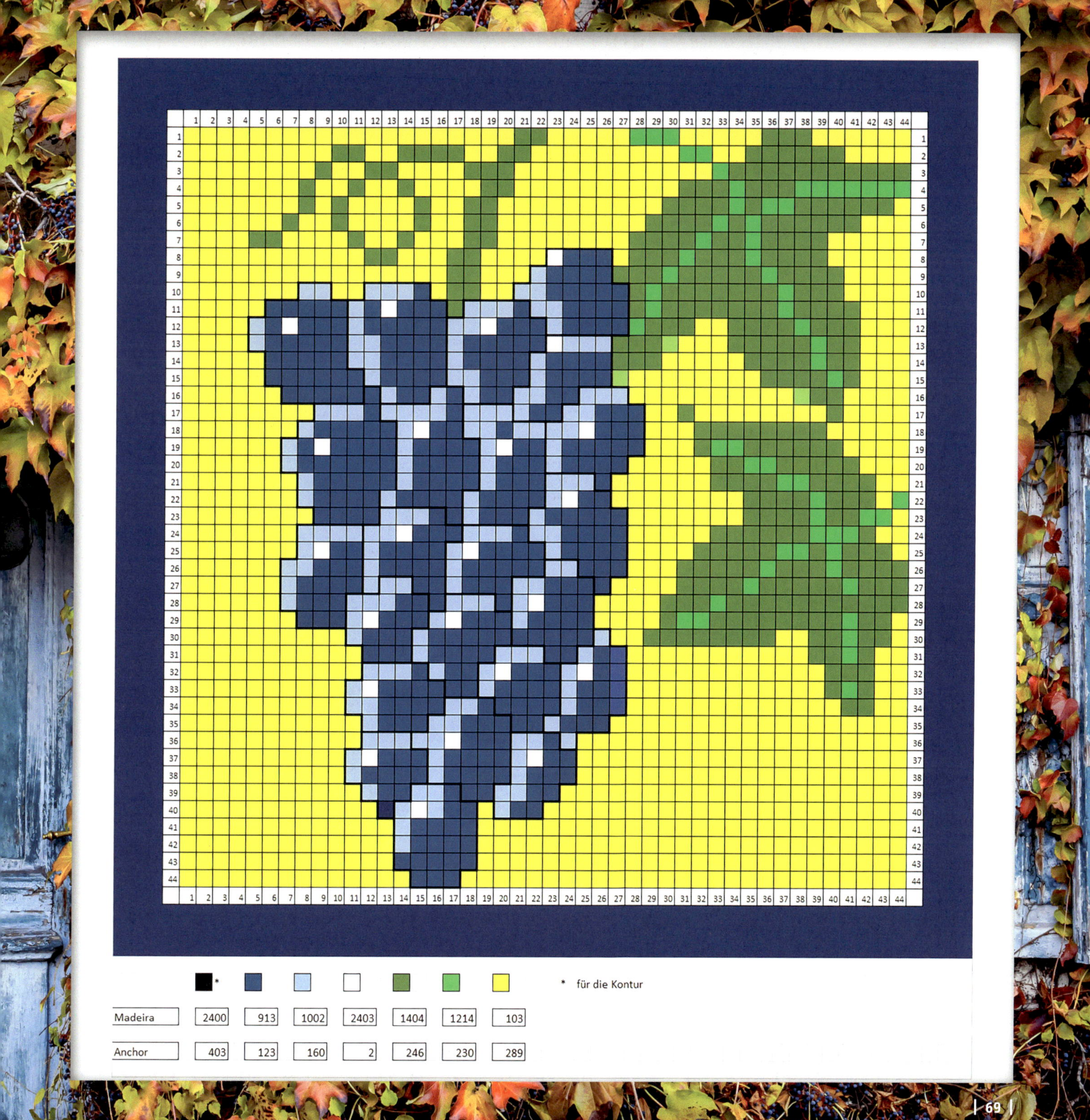

	*						
Madeira	2400	913	1002	2403	1404	1214	103
Anchor	403	123	160	2	246	230	289

* für die Kontur

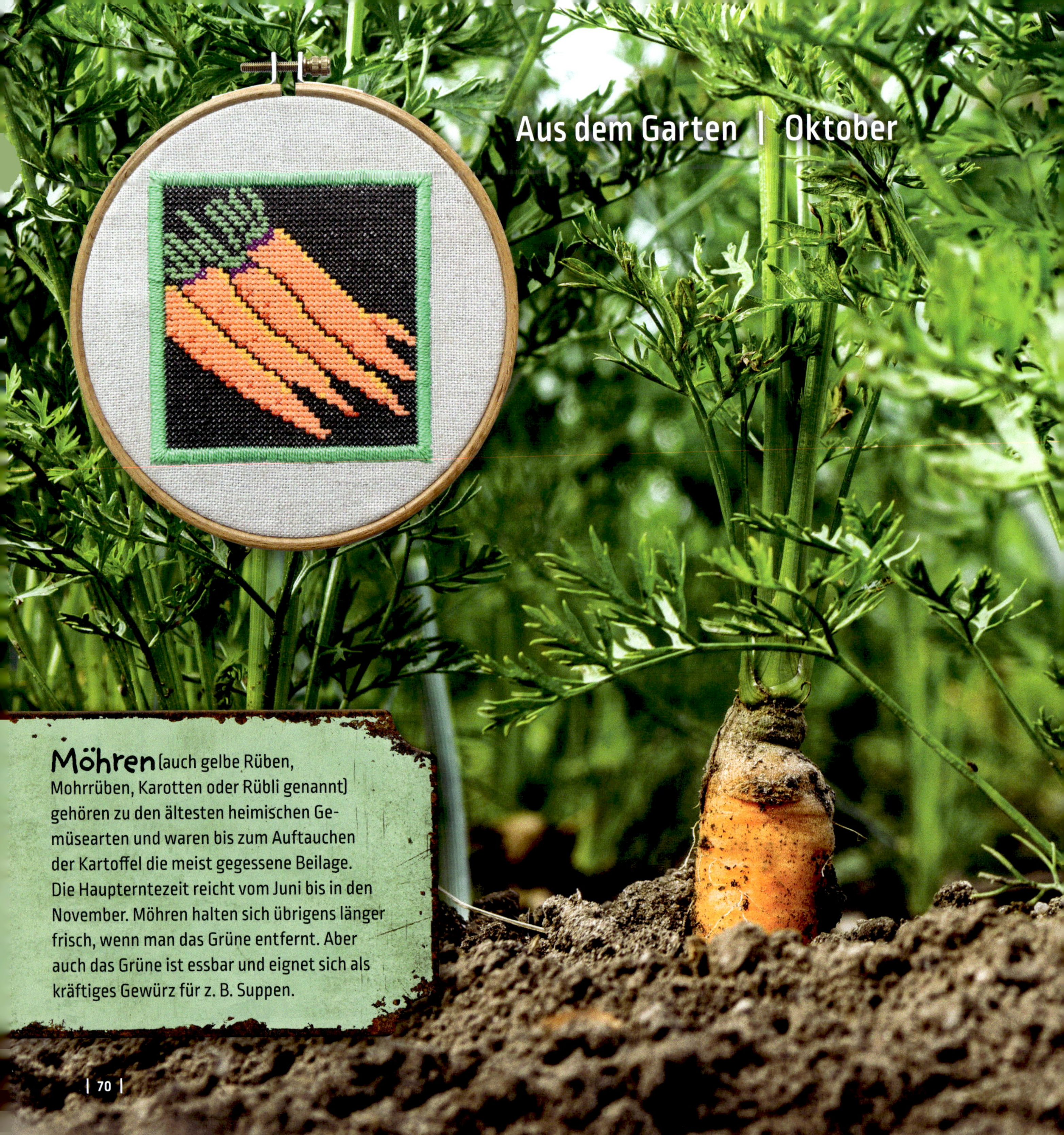

Möhren (auch gelbe Rüben, Mohrrüben, Karotten oder Rübli genannt) gehören zu den ältesten heimischen Gemüsearten und waren bis zum Auftauchen der Kartoffel die meist gegessene Beilage. Die Haupterntezeit reicht vom Juni bis in den November. Möhren halten sich übrigens länger frisch, wenn man das Grüne entfernt. Aber auch das Grüne ist essbar und eignet sich als kräftiges Gewürz für z. B. Suppen.

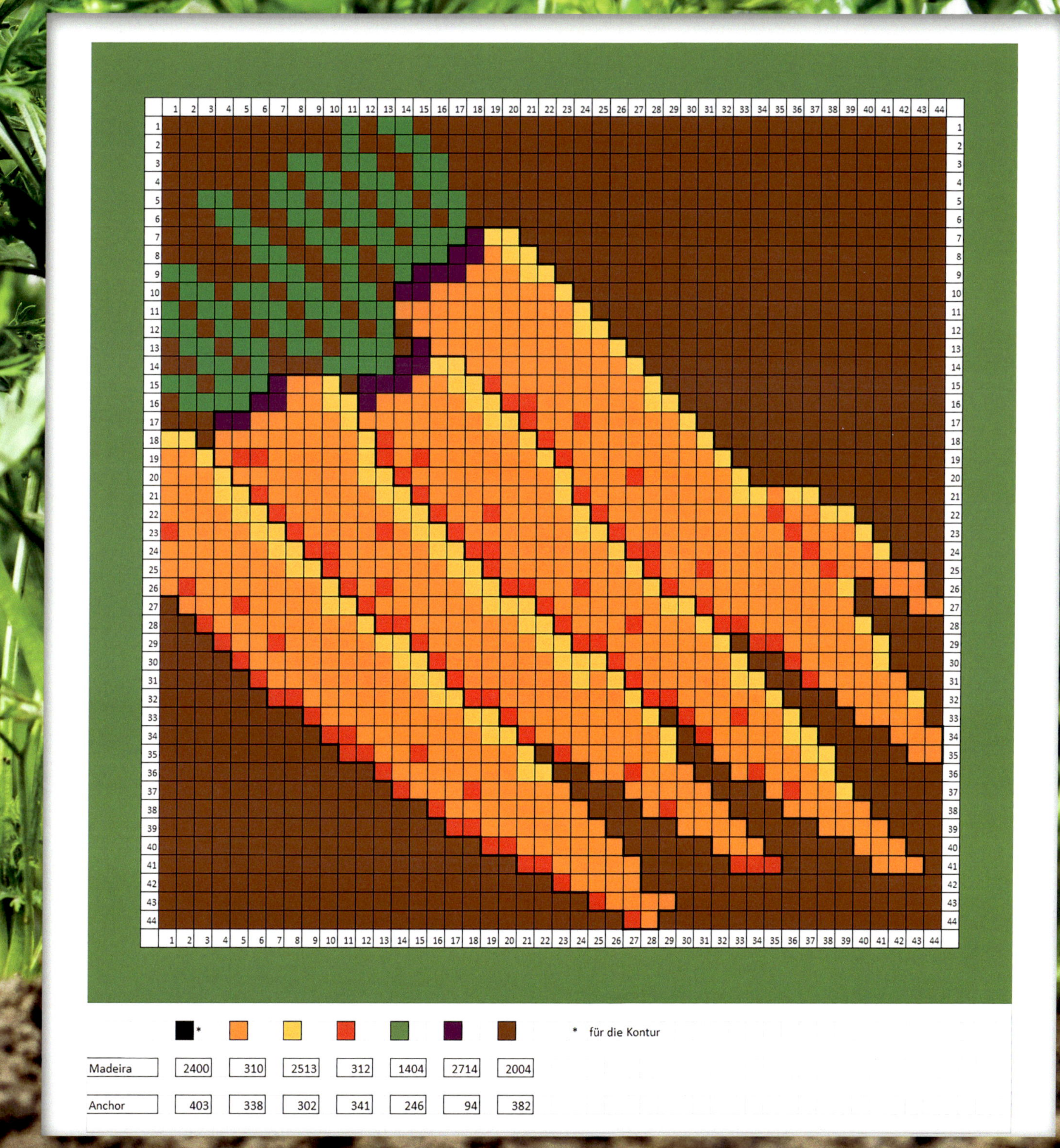

	*						
Madeira	2400	310	2513	312	1404	2714	2004
Anchor	403	338	302	341	246	94	382

* für die Kontur

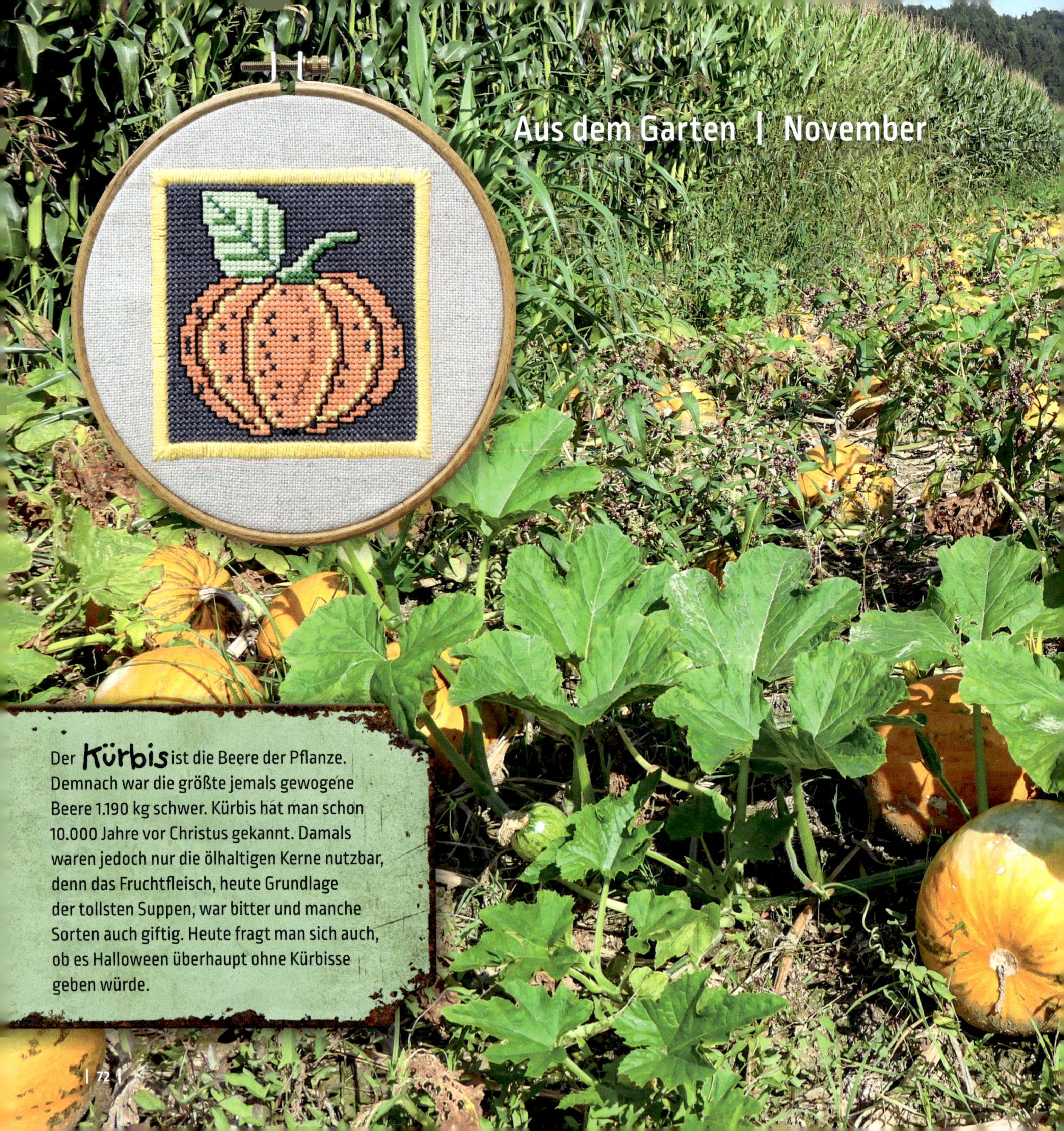

Der **Kürbis** ist die Beere der Pflanze. Demnach war die größte jemals gewogene Beere 1.190 kg schwer. Kürbis hat man schon 10.000 Jahre vor Christus gekannt. Damals waren jedoch nur die ölhaltigen Kerne nutzbar, denn das Fruchtfleisch, heute Grundlage der tollsten Suppen, war bitter und manche Sorten auch giftig. Heute fragt man sich auch, ob es Halloween überhaupt ohne Kürbisse geben würde.

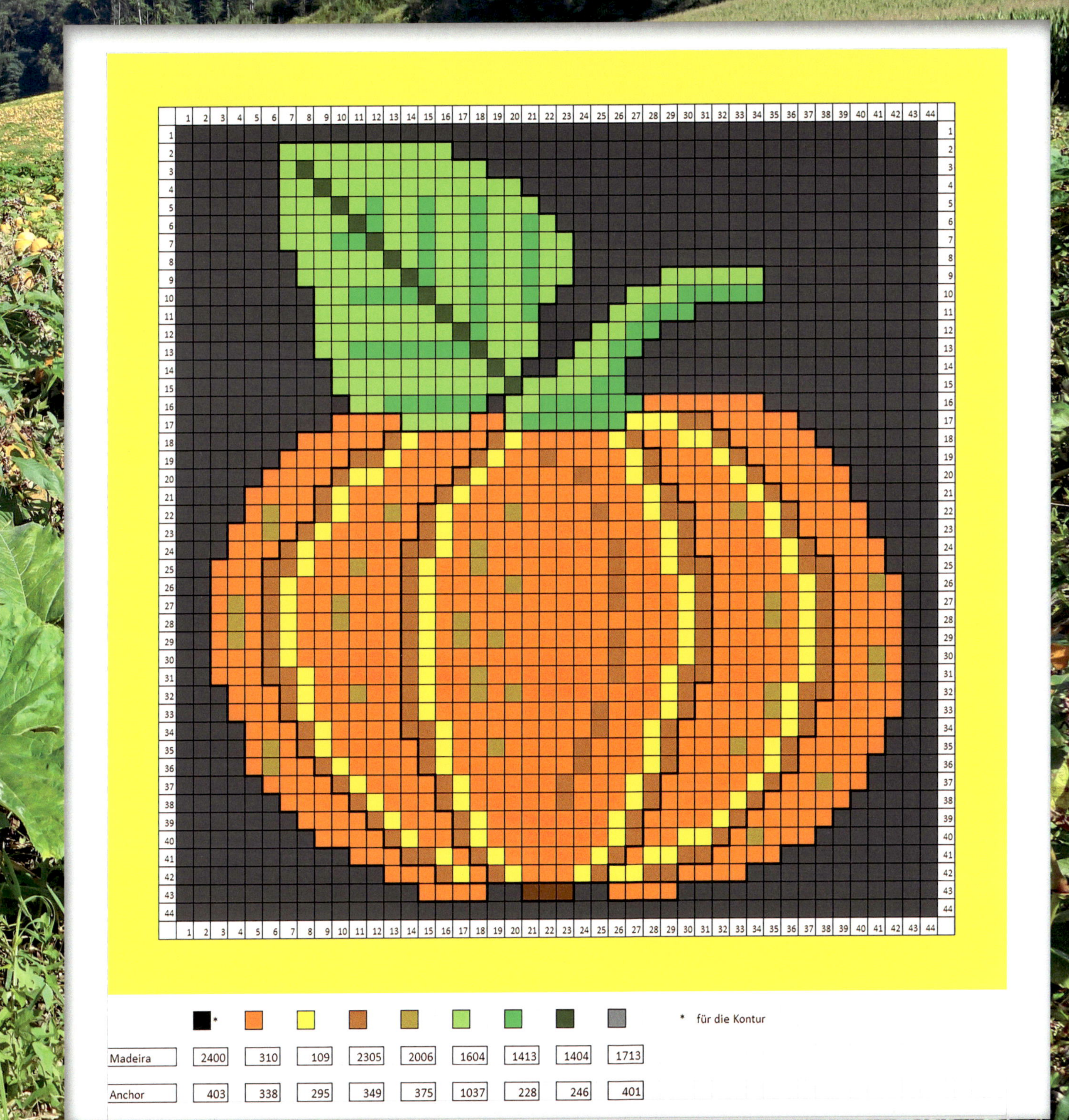

	*								
Madeira	2400	310	109	2305	2006	1604	1413	1404	1713
Anchor	403	338	295	349	375	1037	228	246	401

* für die Kontur

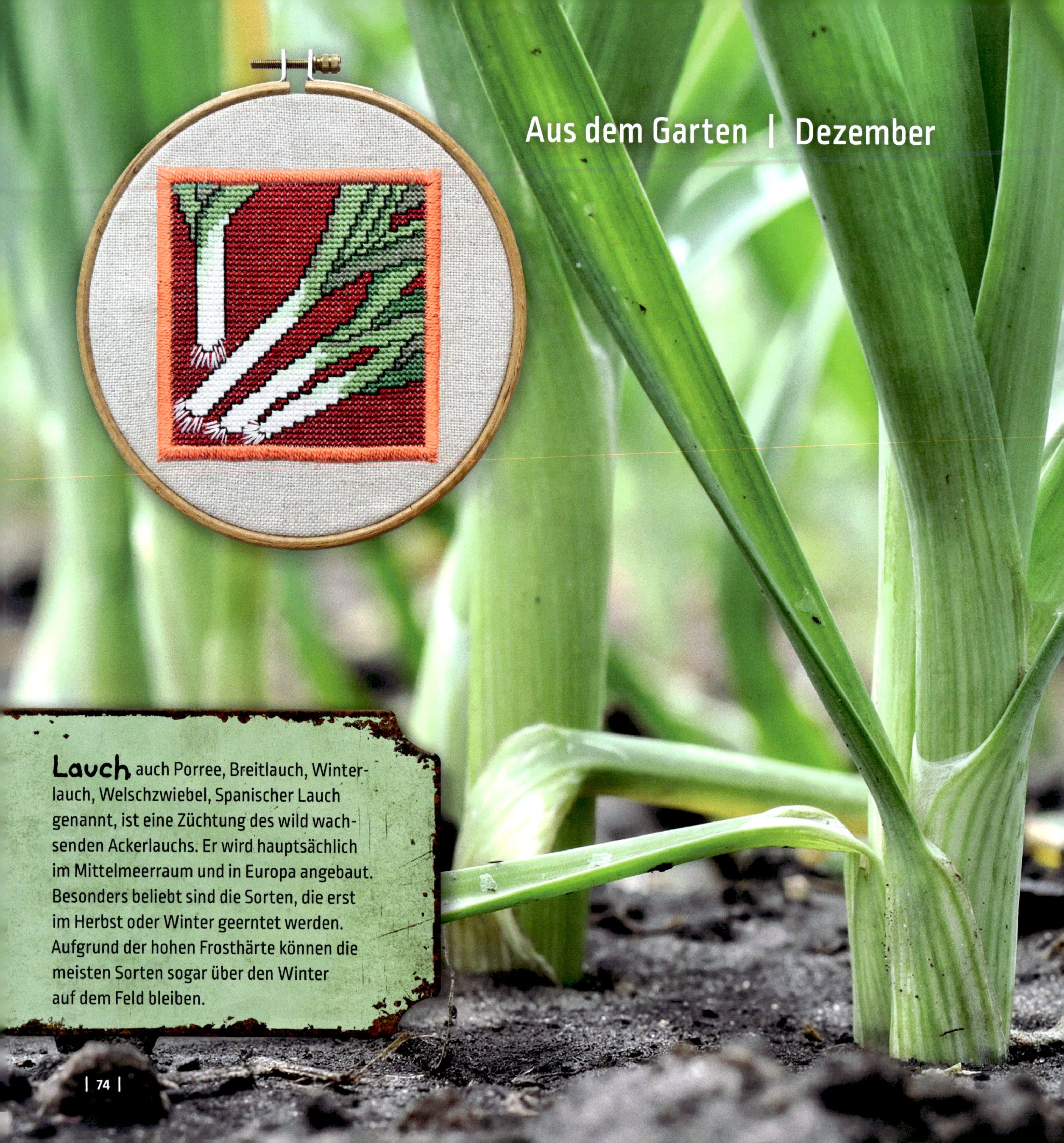

Lauch auch Porree, Breitlauch, Winterlauch, Welschzwiebel, Spanischer Lauch genannt, ist eine Züchtung des wild wachsenden Ackerlauchs. Er wird hauptsächlich im Mittelmeerraum und in Europa angebaut. Besonders beliebt sind die Sorten, die erst im Herbst oder Winter geerntet werden. Aufgrund der hohen Frosthärte können die meisten Sorten sogar über den Winter auf dem Feld bleiben.

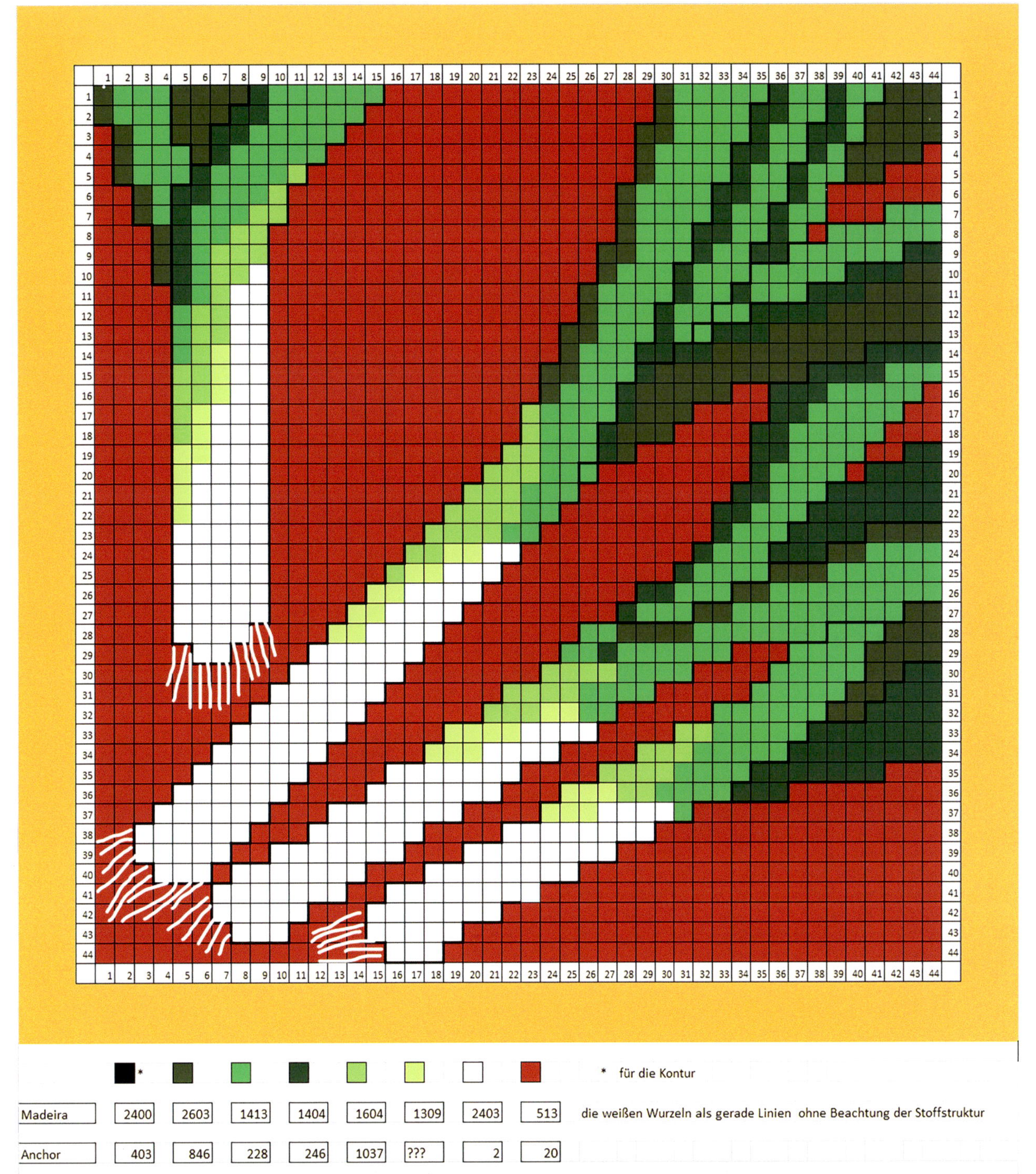

	*								
Madeira	2400	2603	1413	1404	1604	1309	2403	513	die weißen Wurzeln als gerade Linien ohne Beachtung der Stoffstruktur
Anchor	403	846	228	246	1037	???	2	20	

* für die Kontur

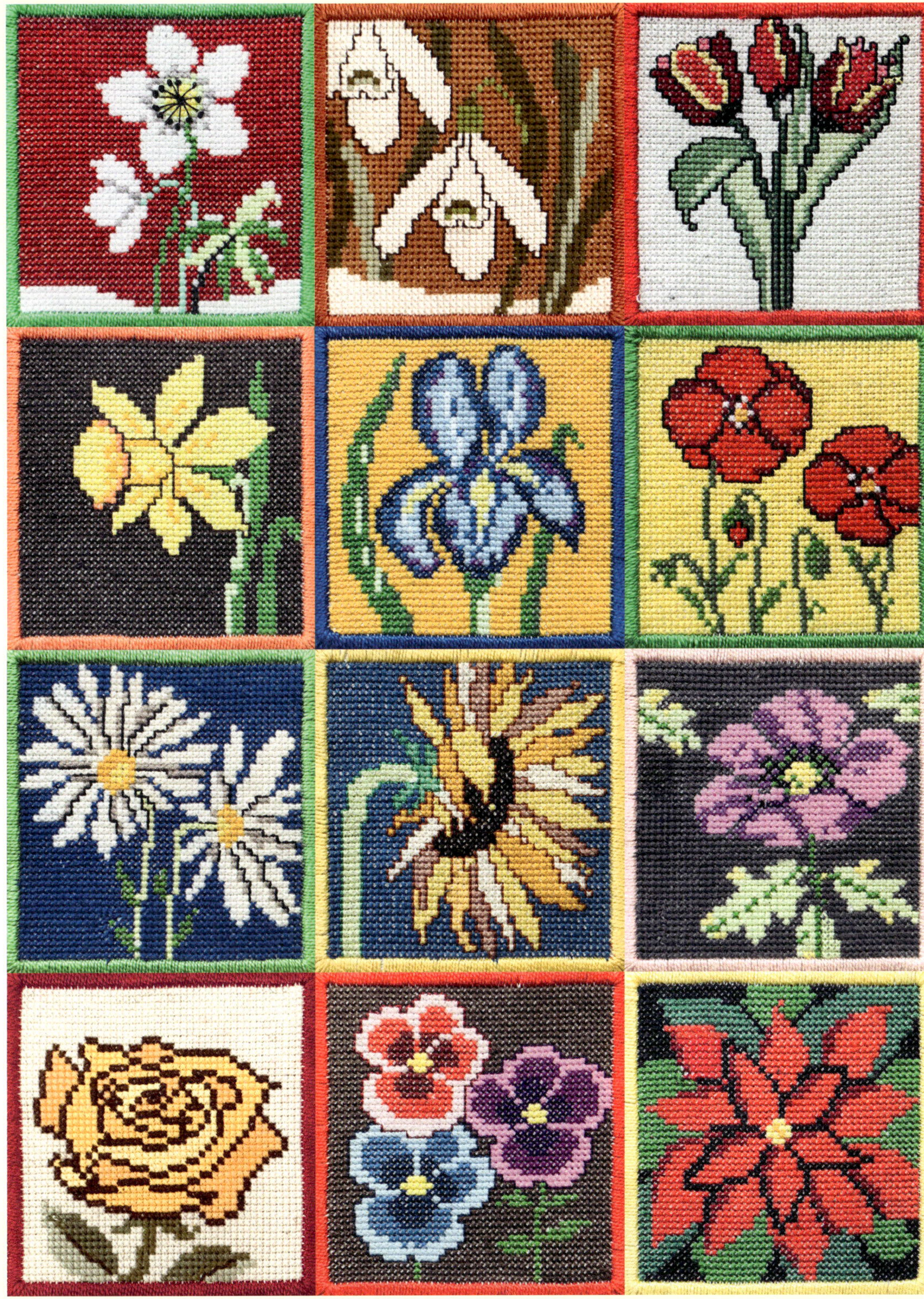

Blumen

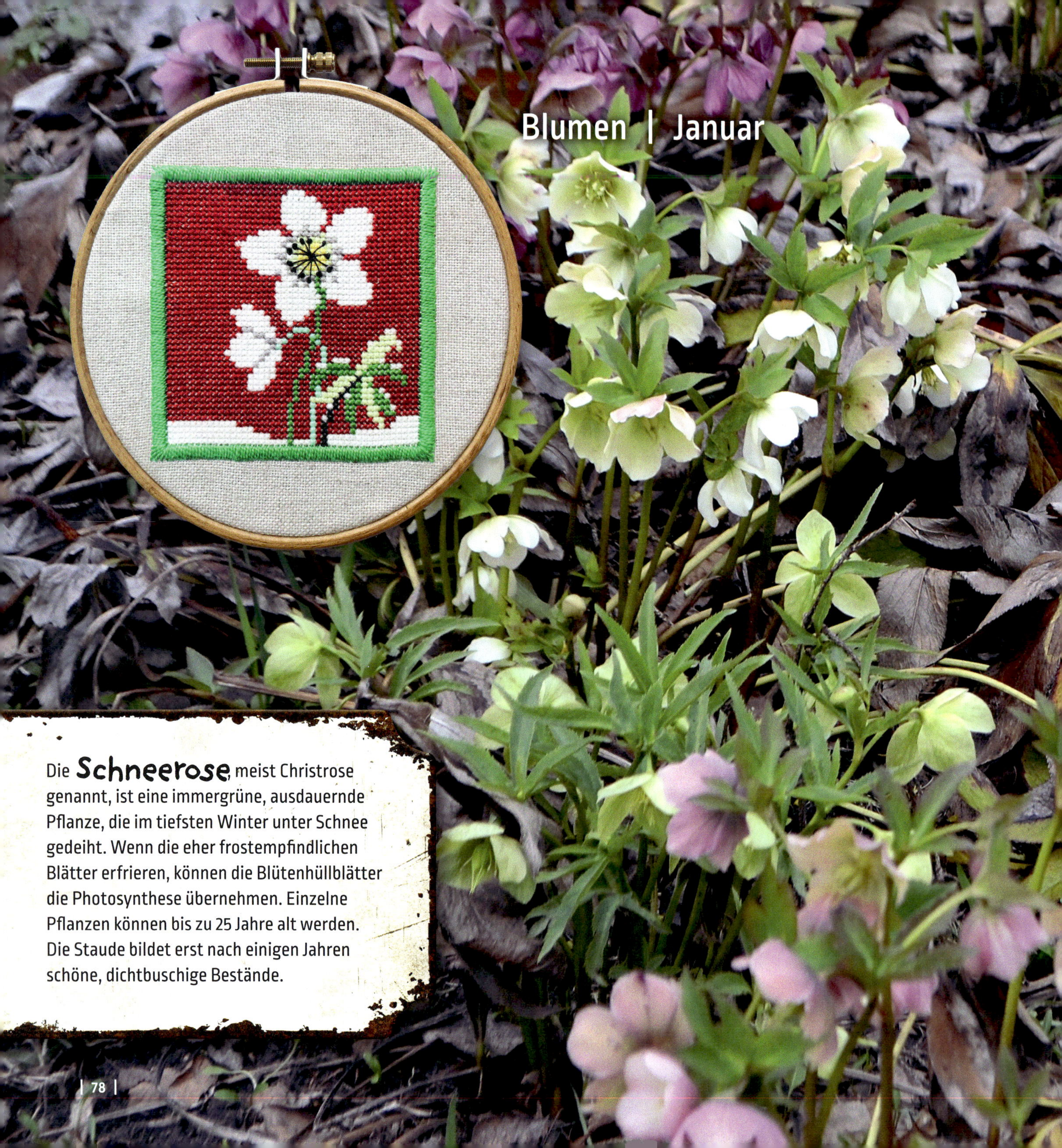

Die **Schneerose**, meist Christrose genannt, ist eine immergrüne, ausdauernde Pflanze, die im tiefsten Winter unter Schnee gedeiht. Wenn die eher frostempfindlichen Blätter erfrieren, können die Blütenhüllblätter die Photosynthese übernehmen. Einzelne Pflanzen können bis zu 25 Jahre alt werden. Die Staude bildet erst nach einigen Jahren schöne, dichtbuschige Bestände.

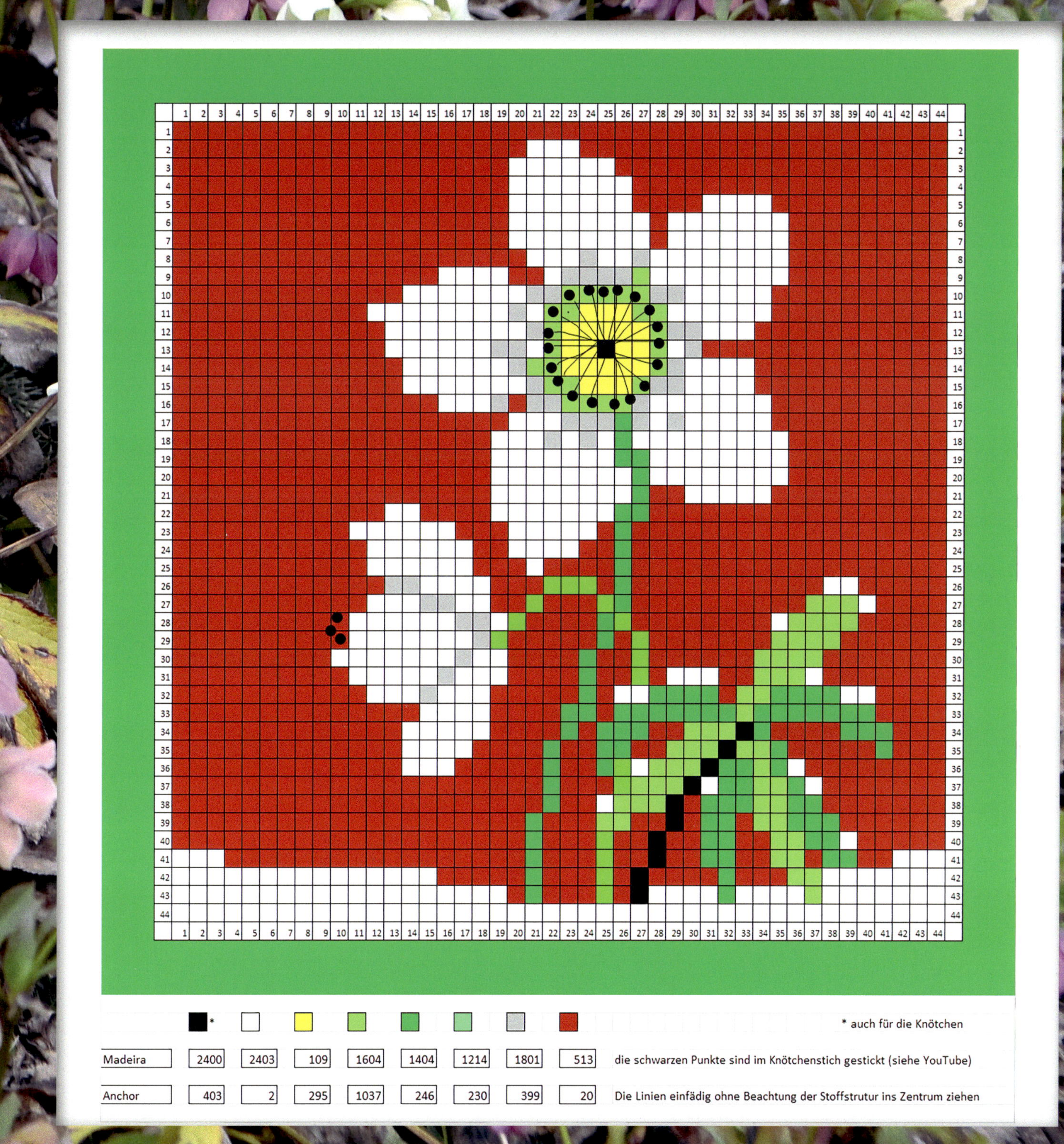

	*							
Madeira	2400	2403	109	1604	1404	1214	1801	513
Anchor	403	2	295	1037	246	230	399	20

* auch für die Knötchen

die schwarzen Punkte sind im Knötchenstich gestickt (siehe YouTube)

Die Linien einfädig ohne Beachtung der Stoffstrutur ins Zentrum ziehen

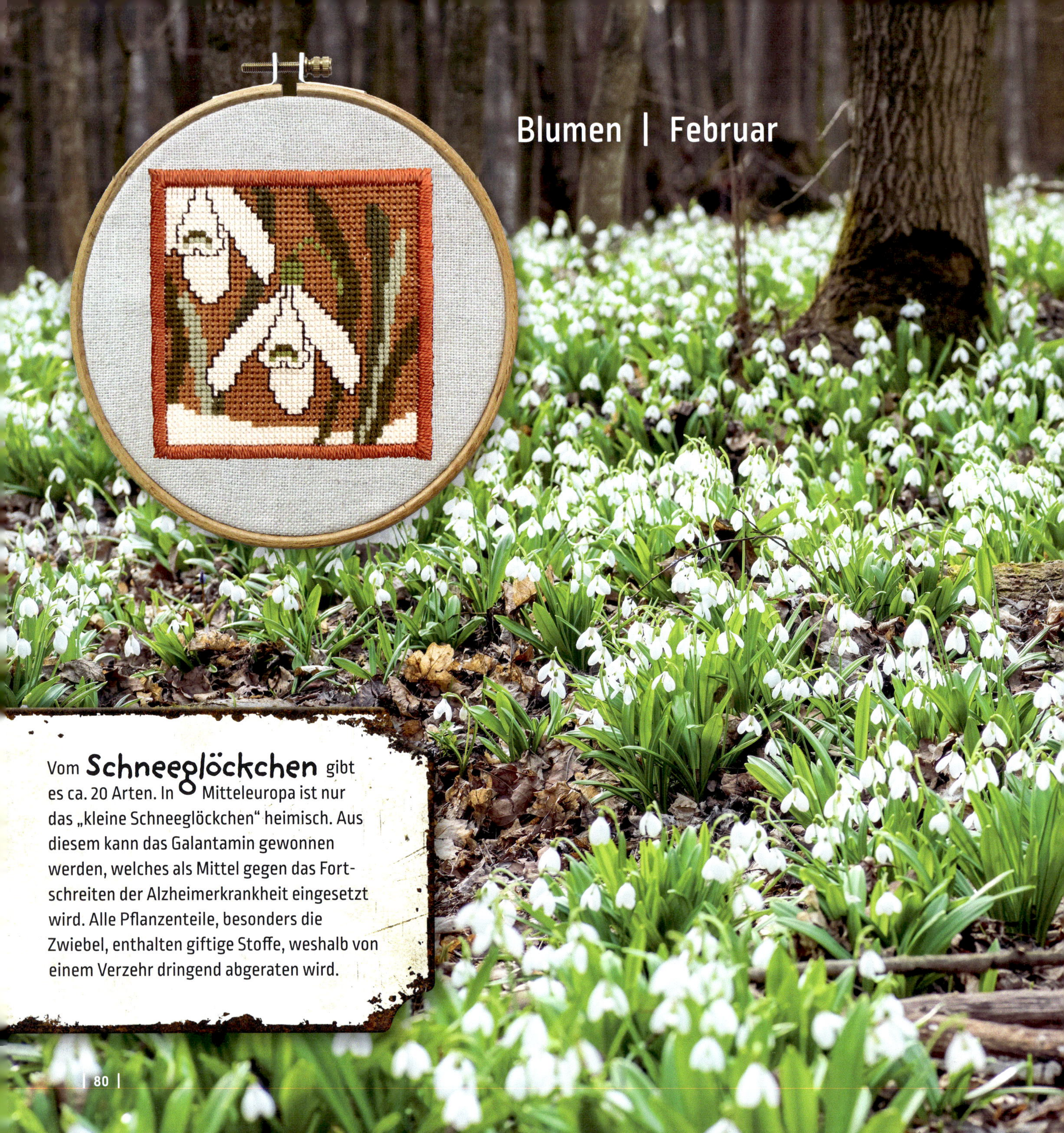

Vom **Schneeglöckchen** gibt es ca. 20 Arten. In Mitteleuropa ist nur das „kleine Schneeglöckchen" heimisch. Aus diesem kann das Galantamin gewonnen werden, welches als Mittel gegen das Fortschreiten der Alzheimerkrankheit eingesetzt wird. Alle Pflanzenteile, besonders die Zwiebel, enthalten giftige Stoffe, weshalb von einem Verzehr dringend abgeraten wird.

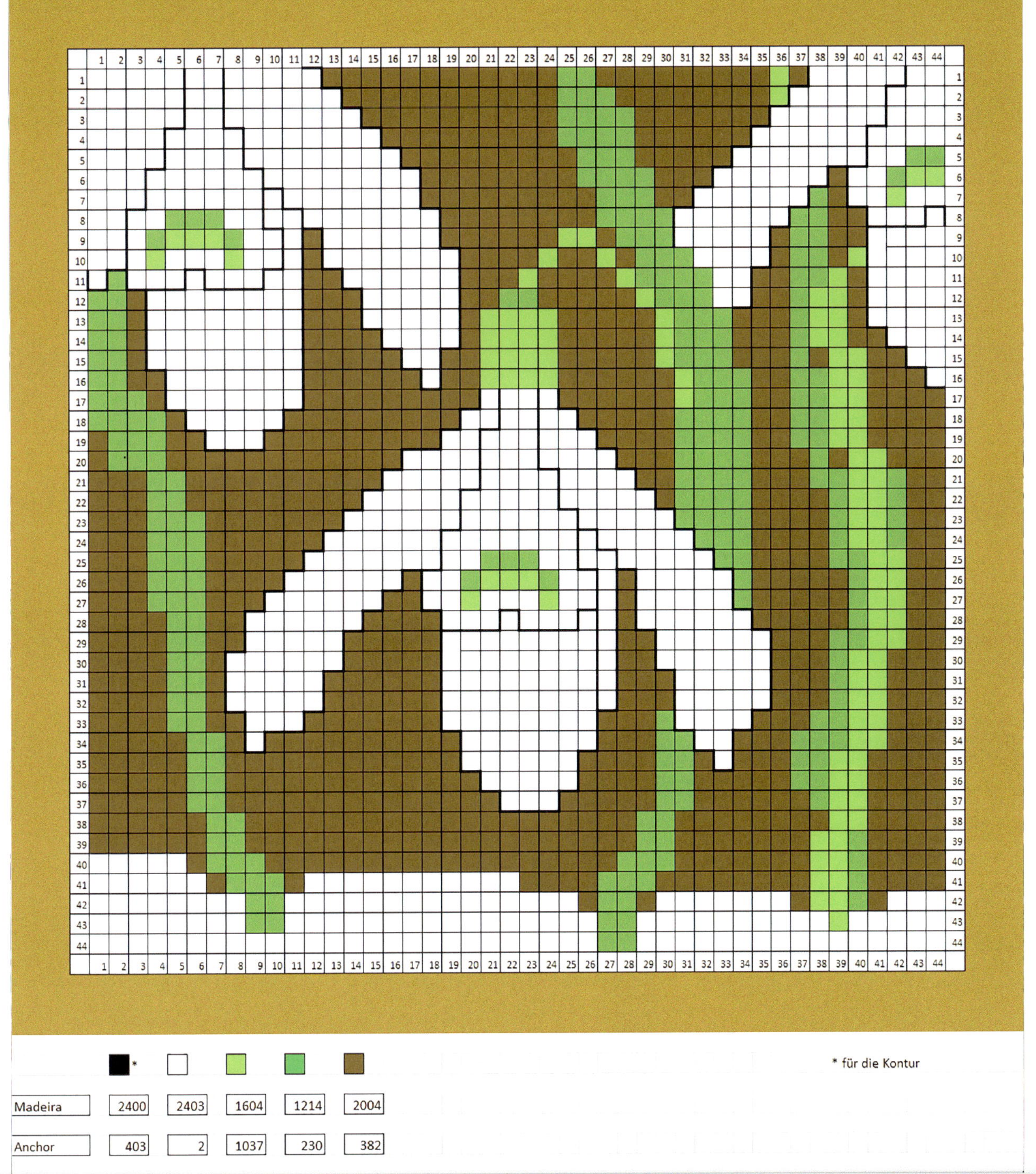

	*				
Madeira	2400	2403	1604	1214	2004
Anchor	403	2	1037	230	382

* für die Kontur

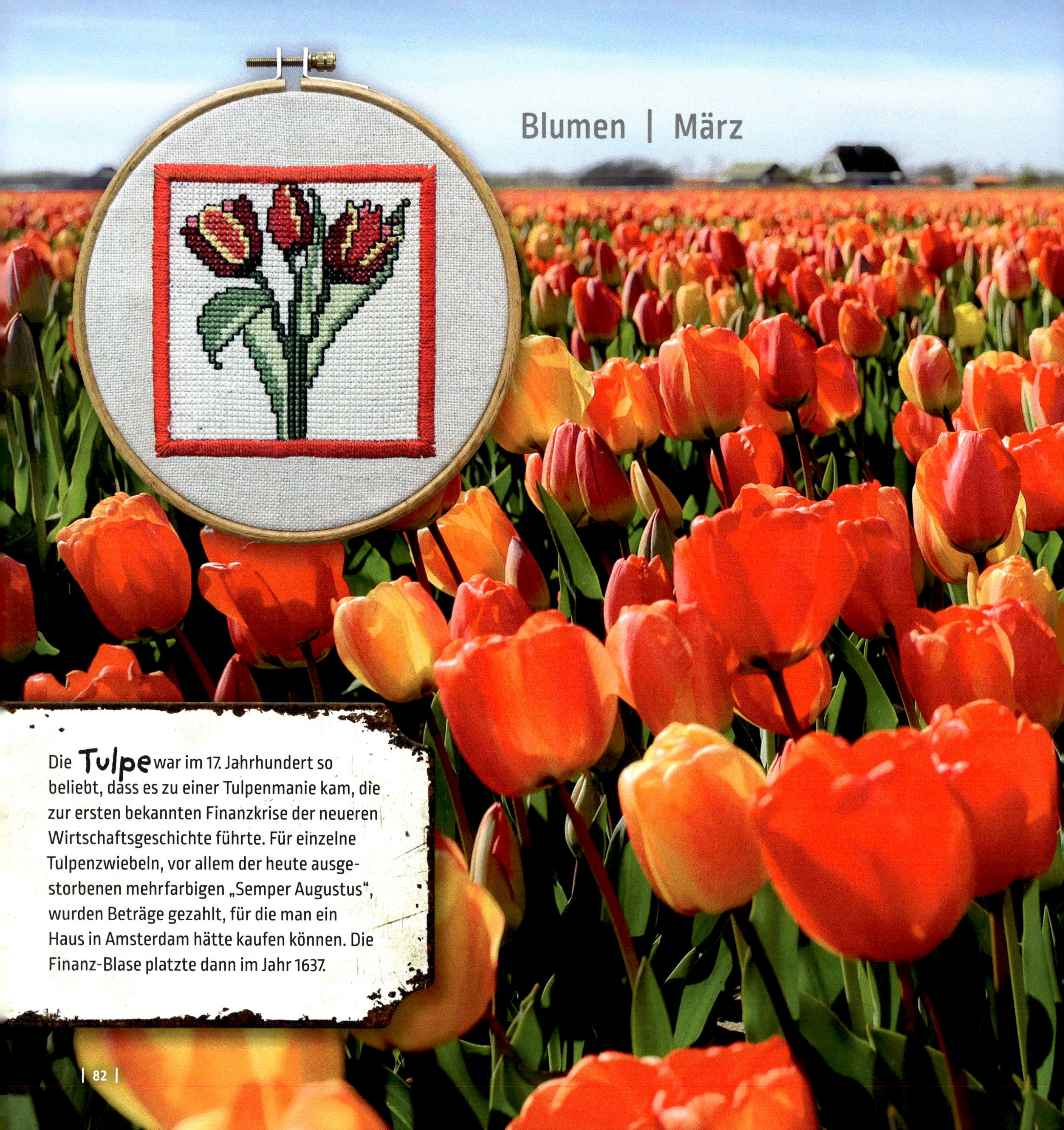

Die **Tulpe** war im 17. Jahrhundert so beliebt, dass es zu einer Tulpenmanie kam, die zur ersten bekannten Finanzkrise der neueren Wirtschaftsgeschichte führte. Für einzelne Tulpenzwiebeln, vor allem der heute ausgestorbenen mehrfarbigen „Semper Augustus", wurden Beträge gezahlt, für die man ein Haus in Amsterdam hätte kaufen können. Die Finanz-Blase platzte dann im Jahr 1637.

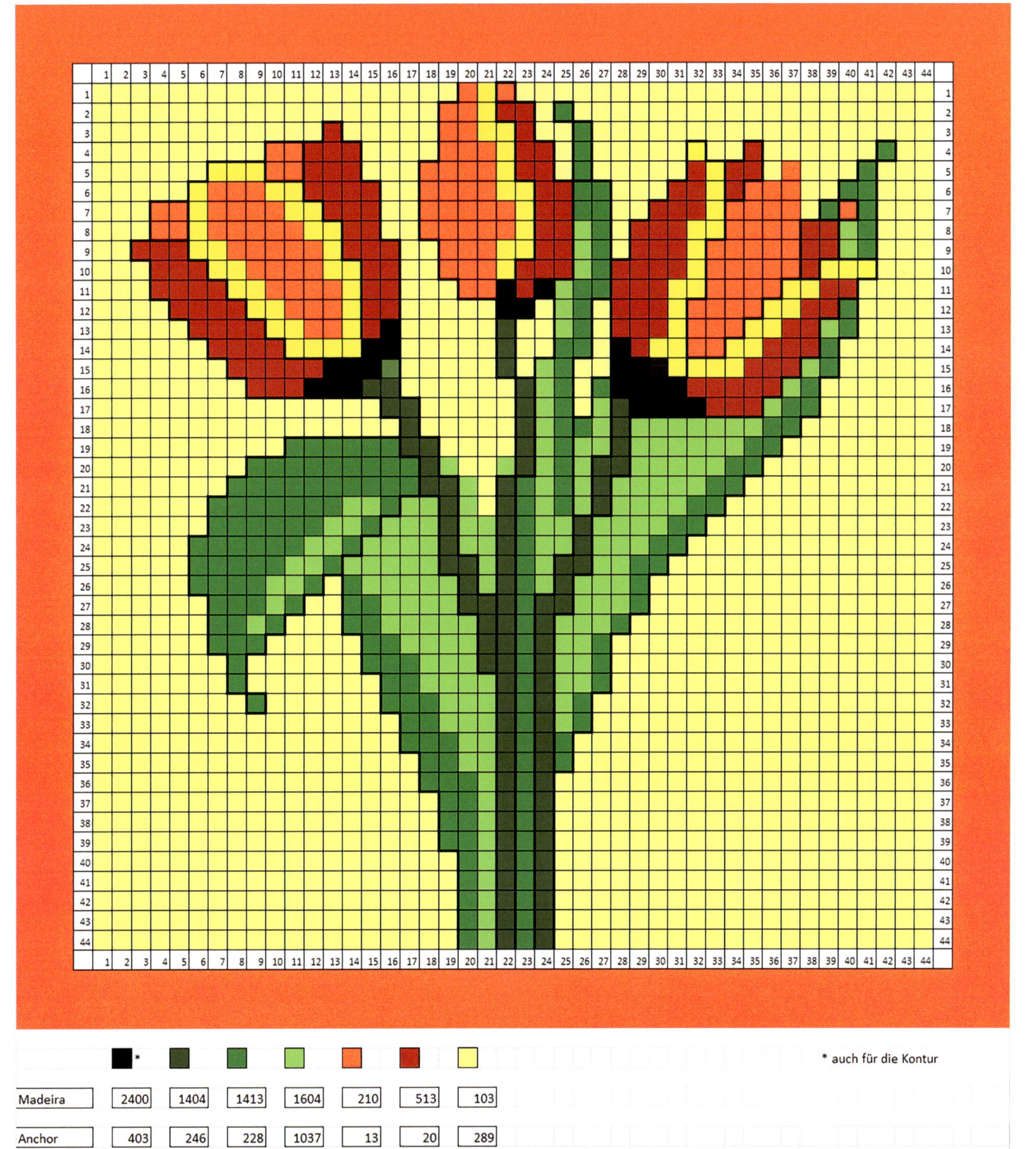

	*						
Madeira	2400	1404	1413	1604	210	513	103
Anchor	403	246	228	1037	13	20	289

* auch für die Kontur

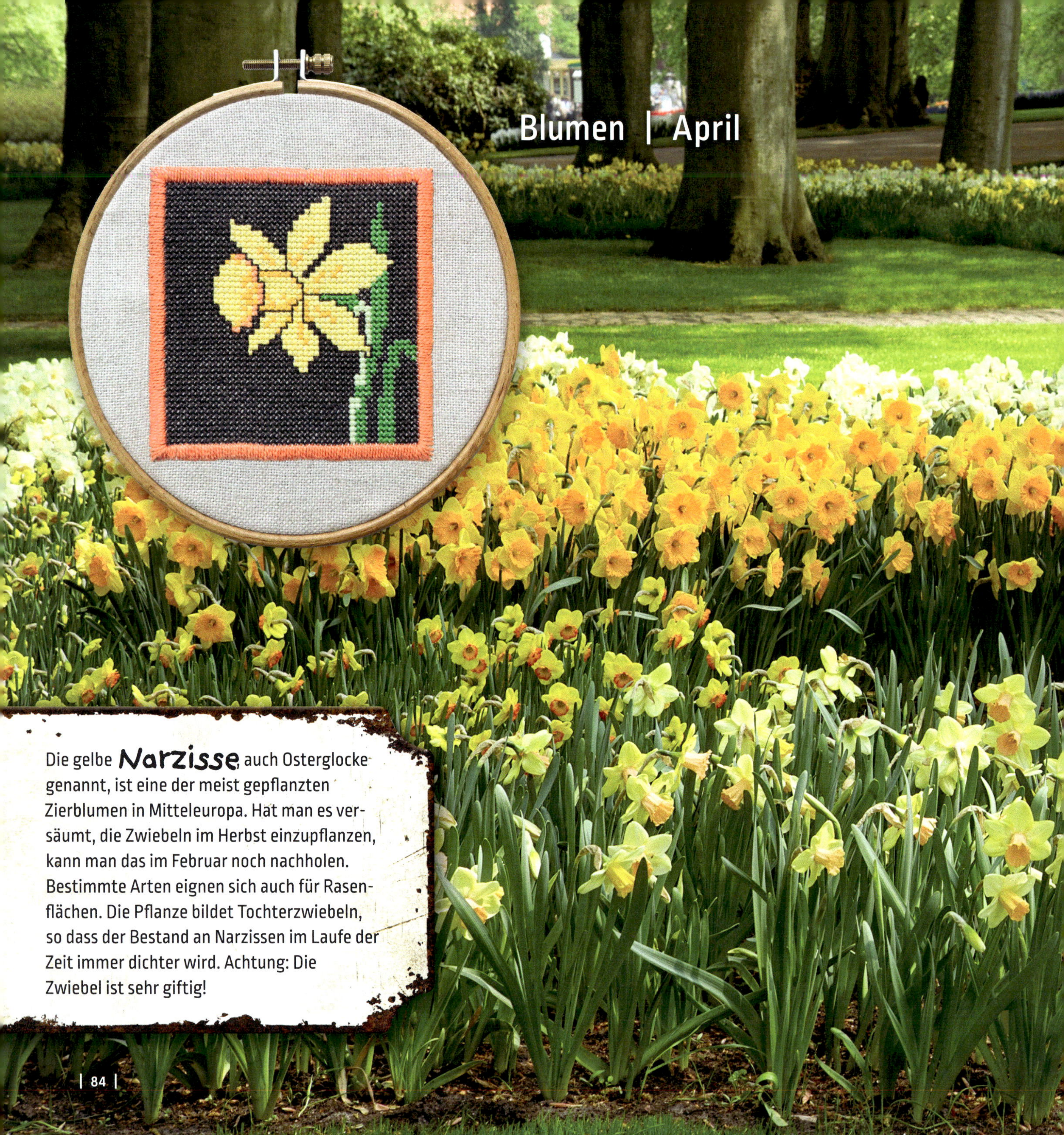

Die gelbe **Narzisse**, auch Osterglocke genannt, ist eine der meist gepflanzten Zierblumen in Mitteleuropa. Hat man es versäumt, die Zwiebeln im Herbst einzupflanzen, kann man das im Februar noch nachholen. Bestimmte Arten eignen sich auch für Rasenflächen. Die Pflanze bildet Tochterzwiebeln, so dass der Bestand an Narzissen im Laufe der Zeit immer dichter wird. Achtung: Die Zwiebel ist sehr giftig!

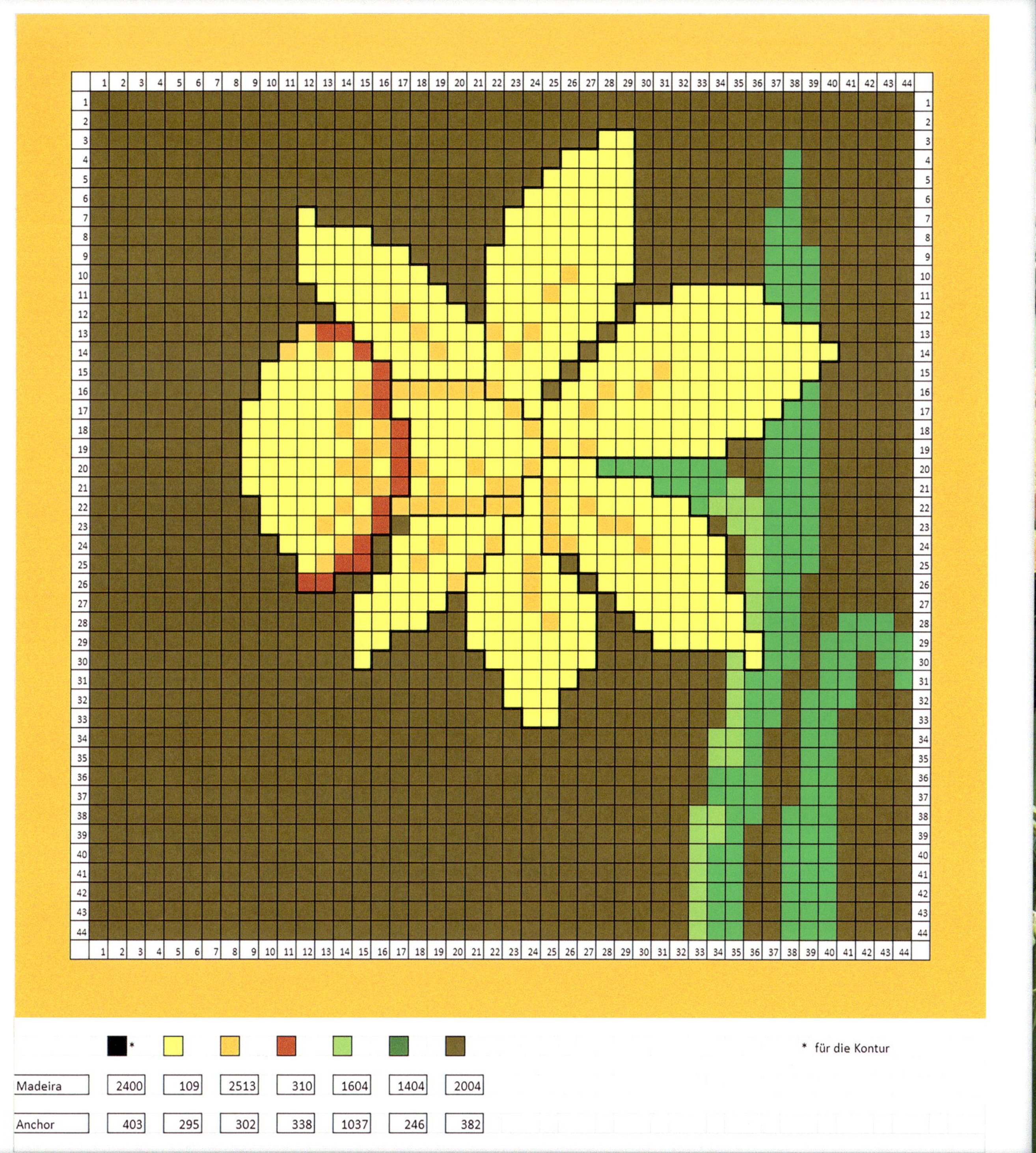

	*						
Madeira	2400	109	2513	310	1604	1404	2004
Anchor	403	295	302	338	1037	246	382

* für die Kontur

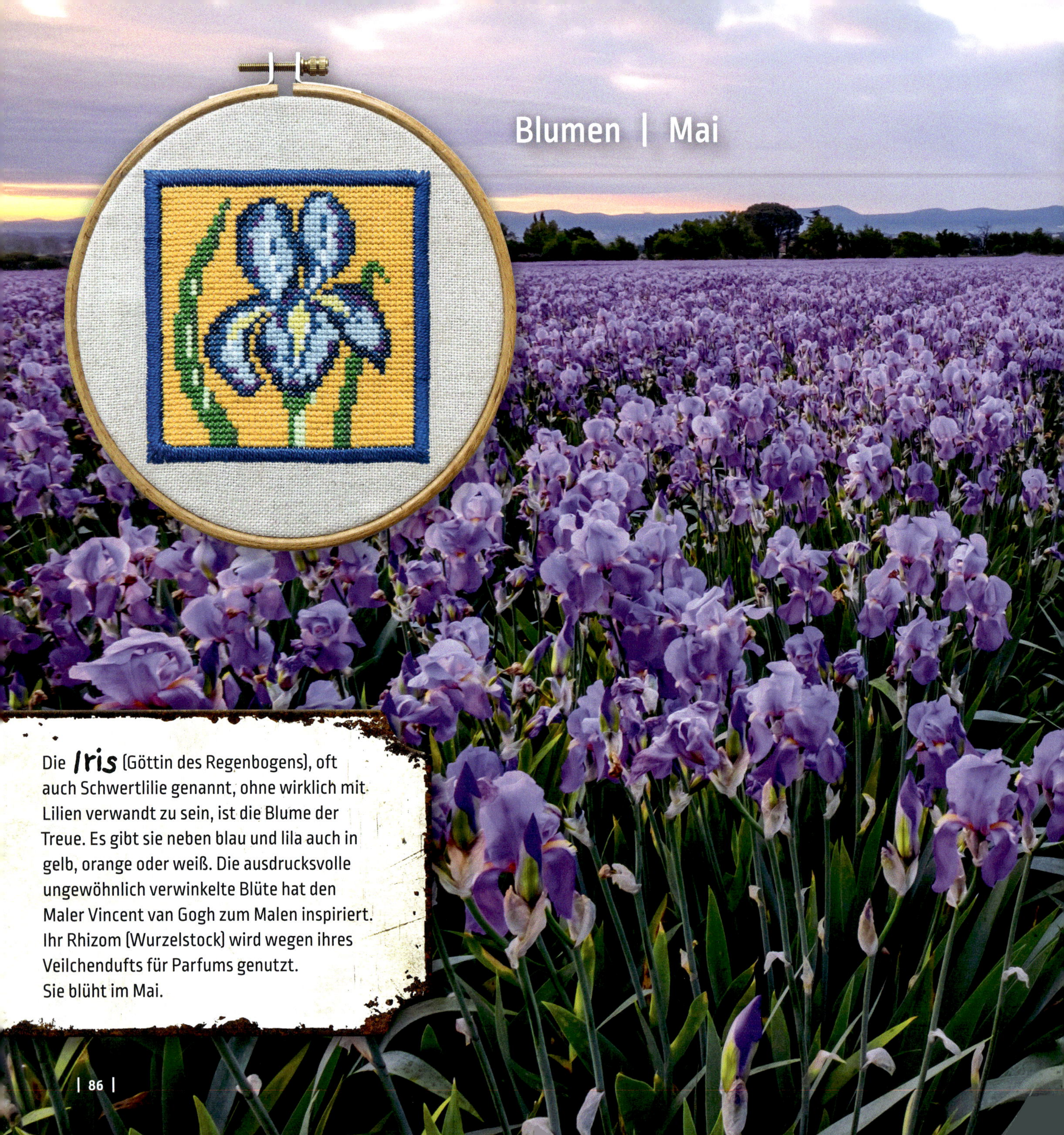

Die **Iris** (Göttin des Regenbogens), oft auch Schwertlilie genannt, ohne wirklich mit Lilien verwandt zu sein, ist die Blume der Treue. Es gibt sie neben blau und lila auch in gelb, orange oder weiß. Die ausdrucksvolle ungewöhnlich verwinkelte Blüte hat den Maler Vincent van Gogh zum Malen inspiriert. Ihr Rhizom (Wurzelstock) wird wegen ihres Veilchendufts für Parfums genutzt.
Sie blüht im Mai.

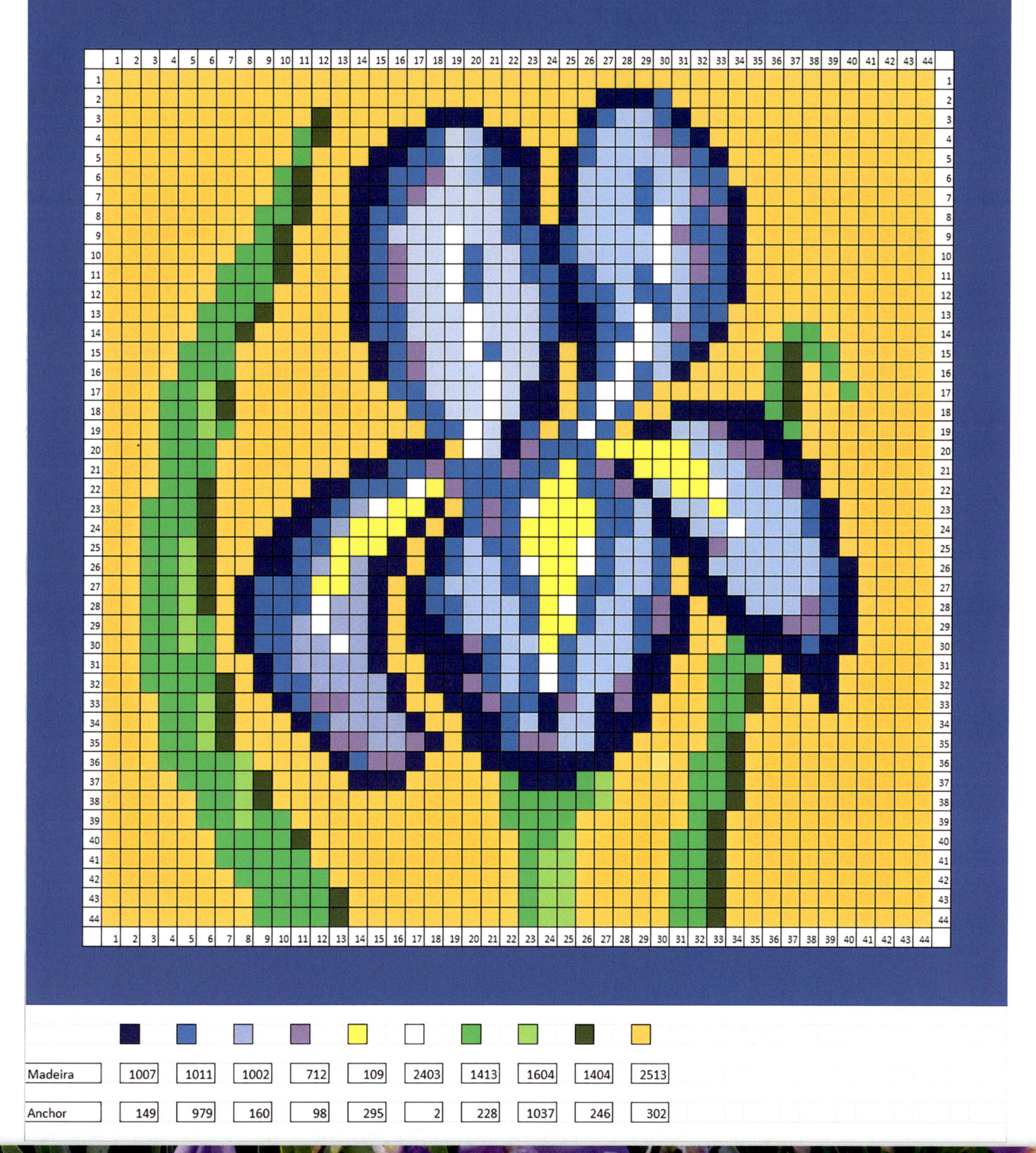

Madeira	1007	1011	1002	712	109	2403	1413	1604	1404	2513
Anchor	149	979	160	98	295	2	228	1037	246	302

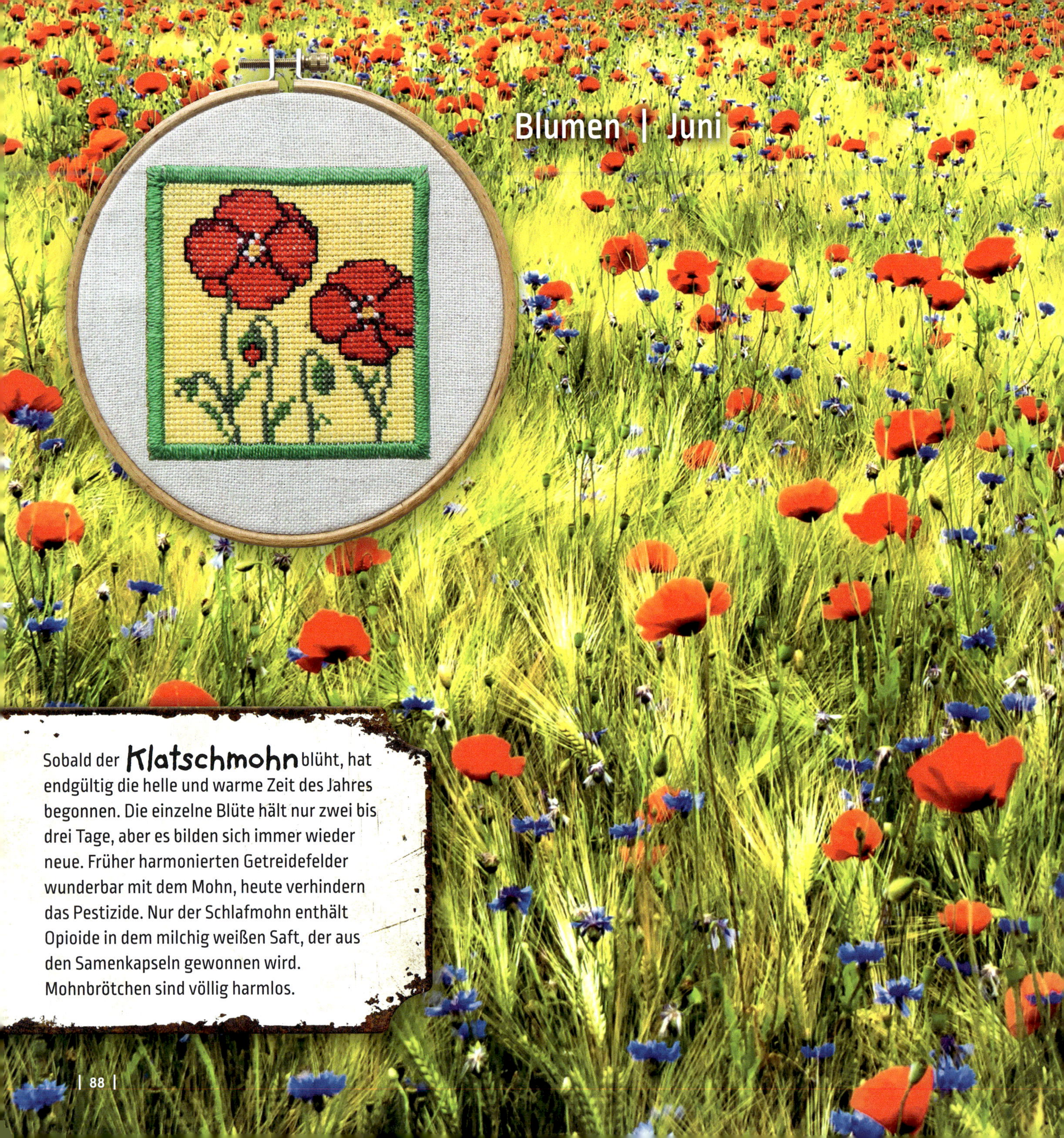

Sobald der **Klatschmohn** blüht, hat endgültig die helle und warme Zeit des Jahres begonnen. Die einzelne Blüte hält nur zwei bis drei Tage, aber es bilden sich immer wieder neue. Früher harmonierten Getreidefelder wunderbar mit dem Mohn, heute verhindern das Pestizide. Nur der Schlafmohn enthält Opioide in dem milchig weißen Saft, der aus den Samenkapseln gewonnen wird. Mohnbrötchen sind völlig harmlos.

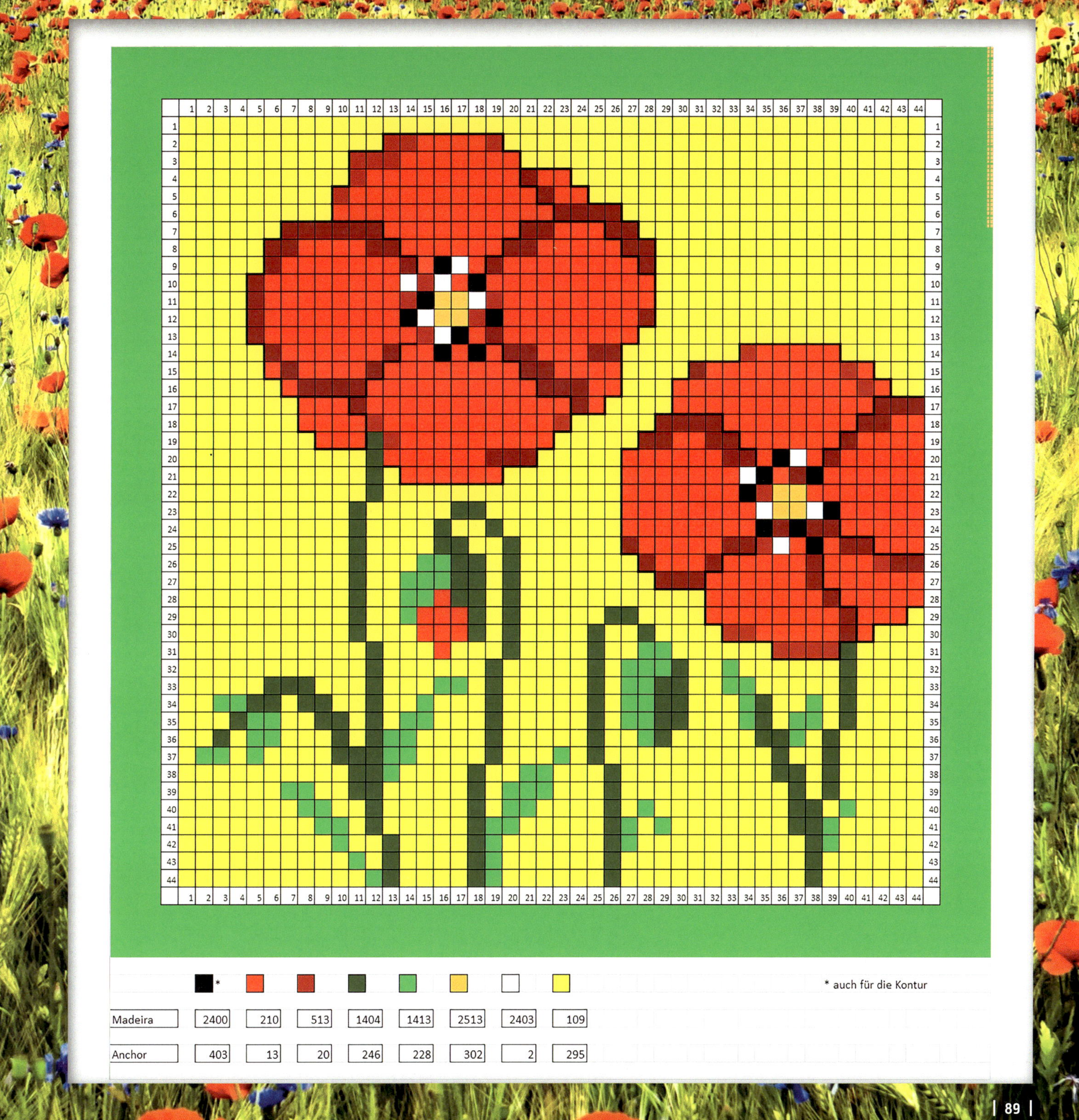
* auch für die Kontur
Madeira 2400 210 513 1404 1413 2513 2403 109
Anchor 403 13 20 246 228 302 2 295

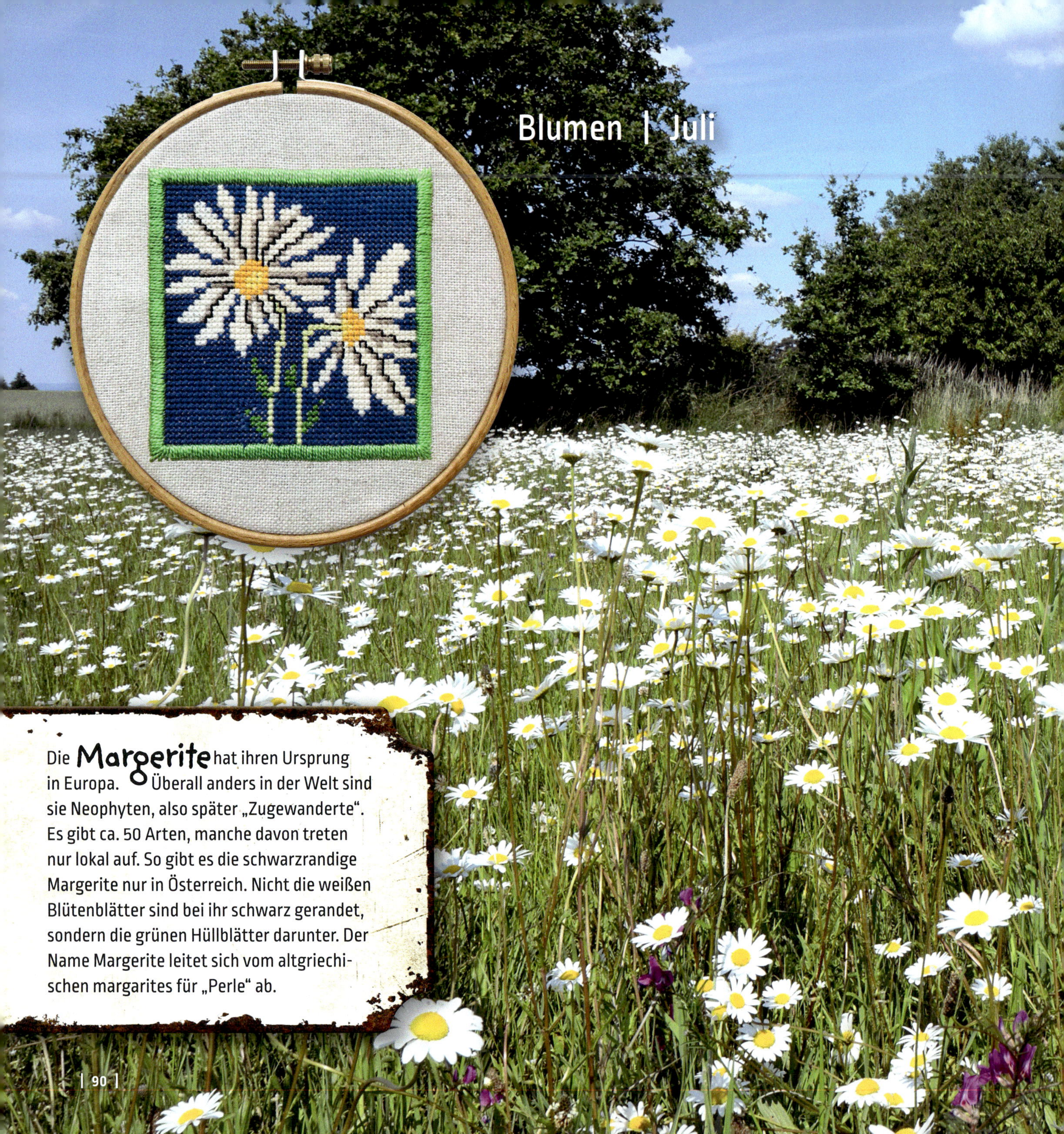

Die **Margerite** hat ihren Ursprung in Europa. Überall anders in der Welt sind sie Neophyten, also später „Zugewanderte". Es gibt ca. 50 Arten, manche davon treten nur lokal auf. So gibt es die schwarzrandige Margerite nur in Österreich. Nicht die weißen Blütenblätter sind bei ihr schwarz gerandet, sondern die grünen Hüllblätter darunter. Der Name Margerite leitet sich vom altgriechischen margarites für „Perle" ab.

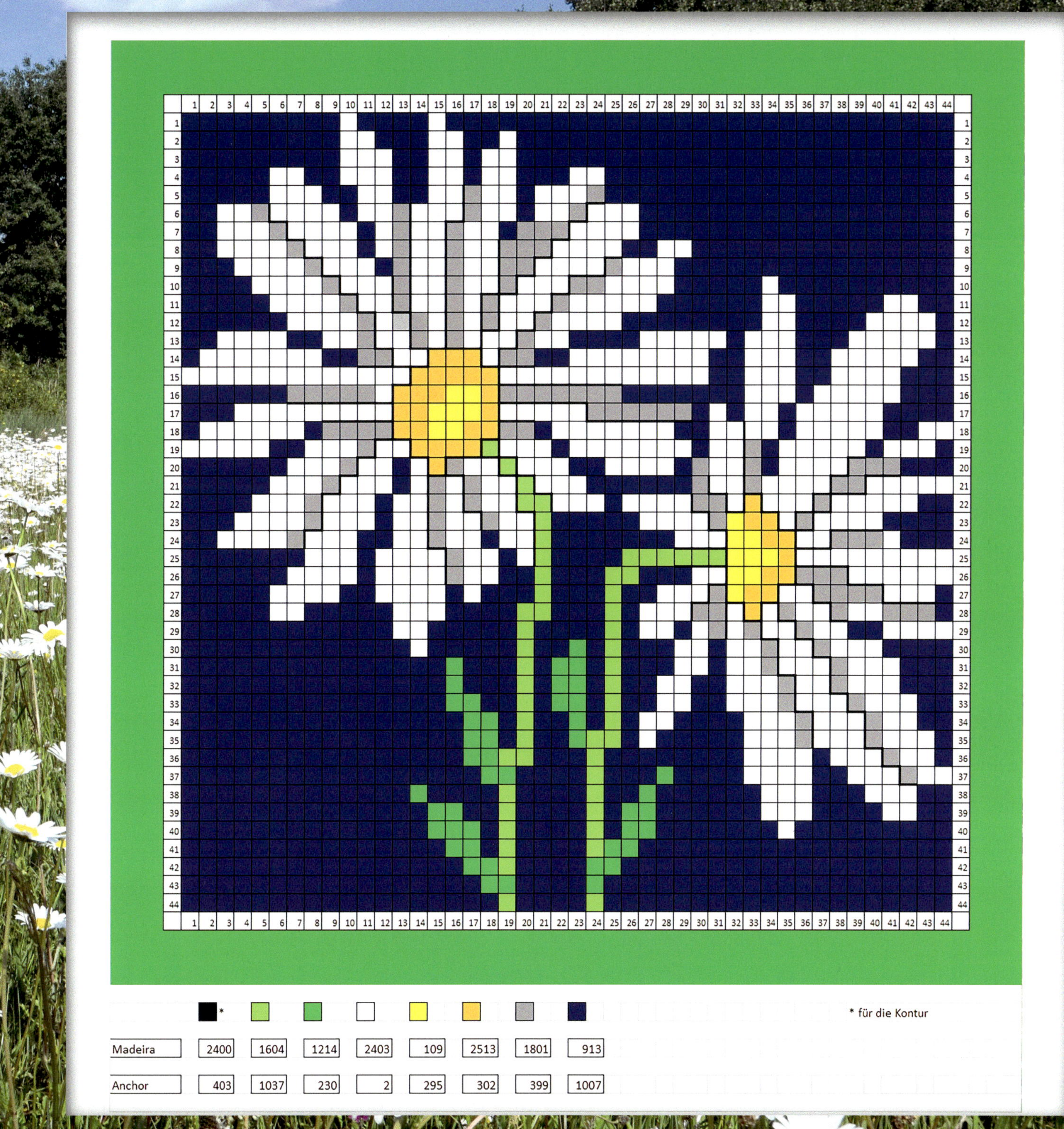

	*							
Madeira	2400	1604	1214	2403	109	2513	1801	913
Anchor	403	1037	230	2	295	302	399	1007

* für die Kontur

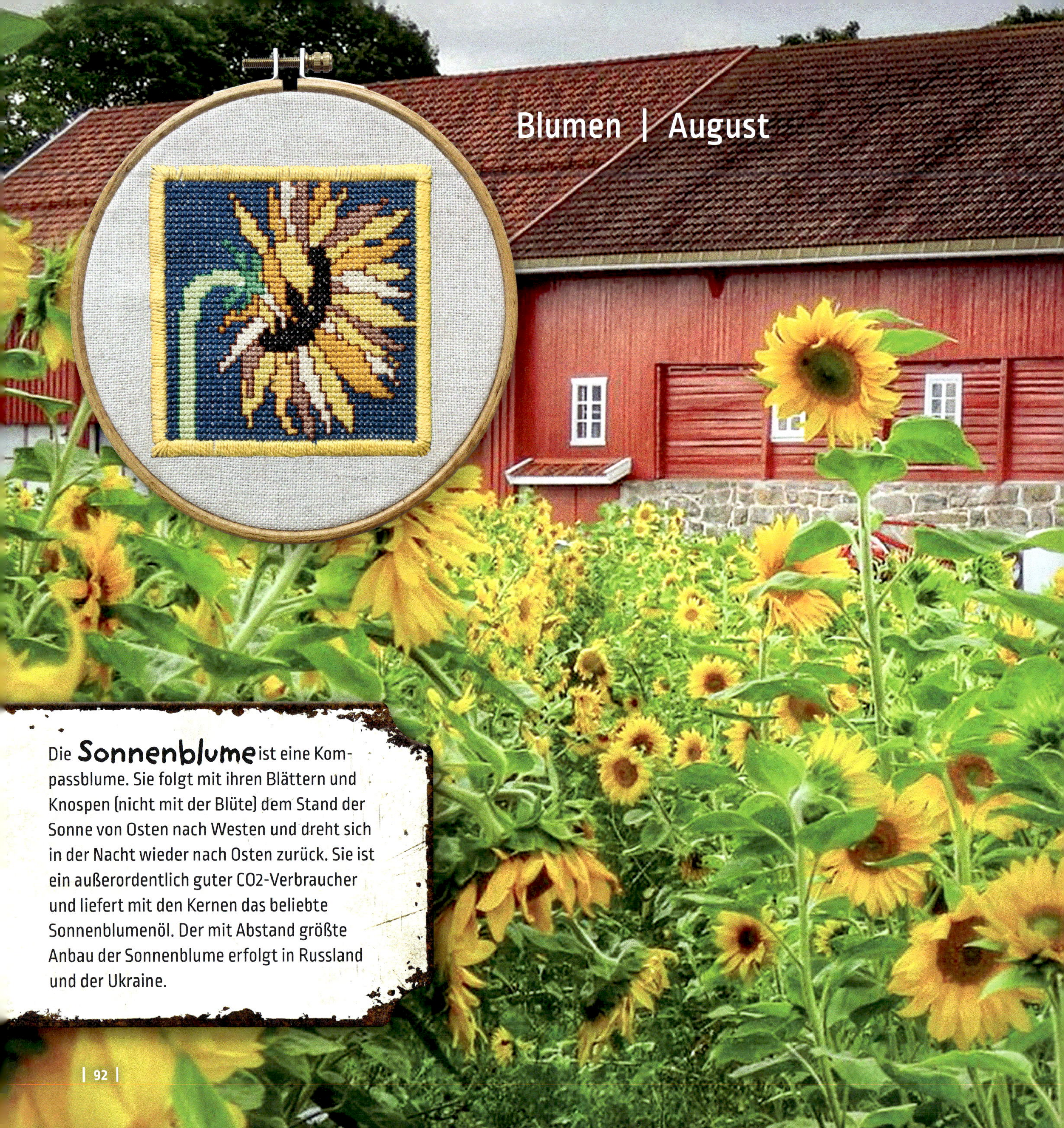

Die **Sonnenblume** ist eine Kompassblume. Sie folgt mit ihren Blättern und Knospen (nicht mit der Blüte) dem Stand der Sonne von Osten nach Westen und dreht sich in der Nacht wieder nach Osten zurück. Sie ist ein außerordentlich guter CO2-Verbraucher und liefert mit den Kernen das beliebte Sonnenblumenöl. Der mit Abstand größte Anbau der Sonnenblume erfolgt in Russland und der Ukraine.

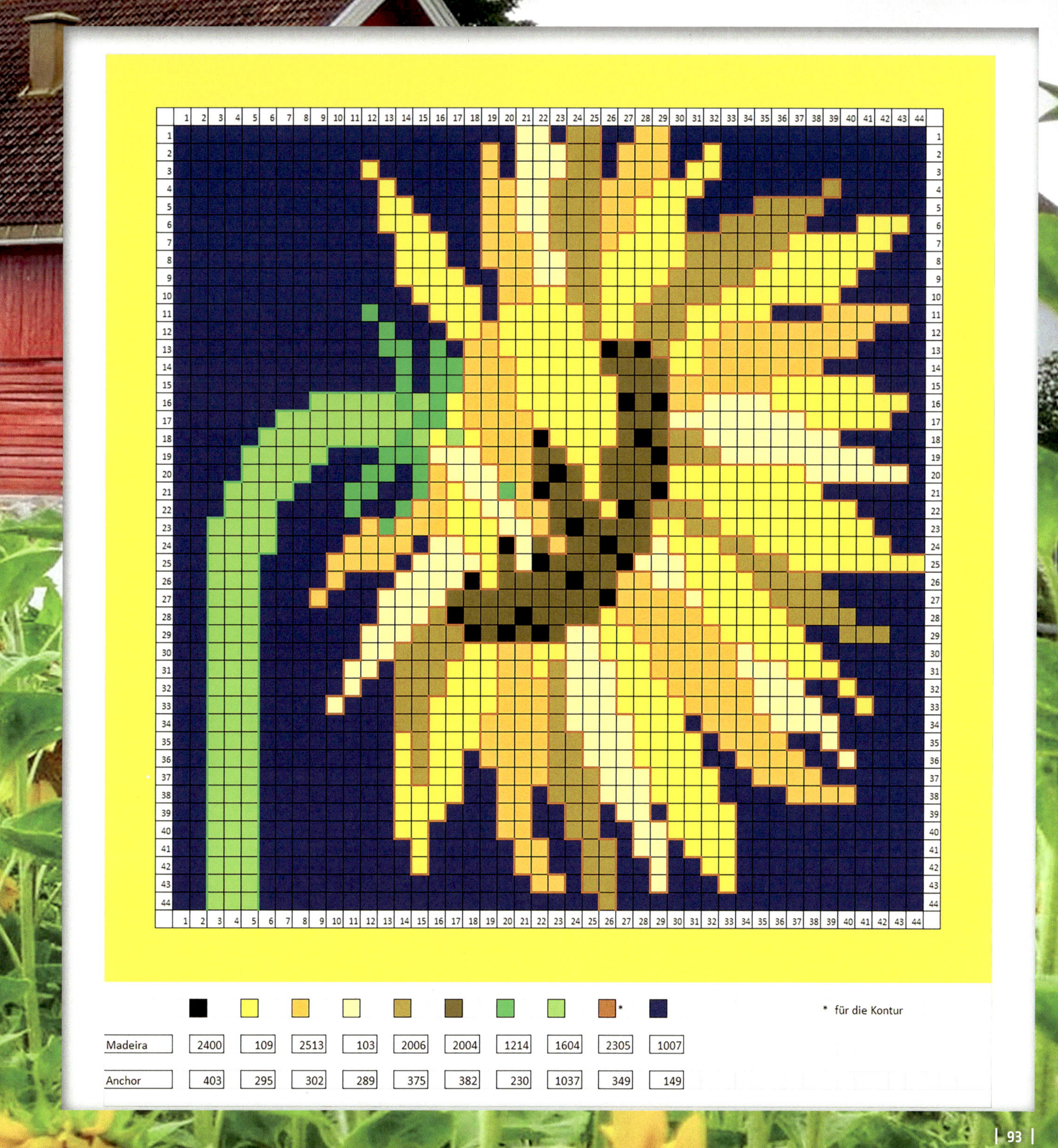

Madeira	2400	109	2513	103	2006	2004	1214	1604	2305	1007
Anchor	403	295	302	289	375	382	230	1037	349	149

* für die Kontur

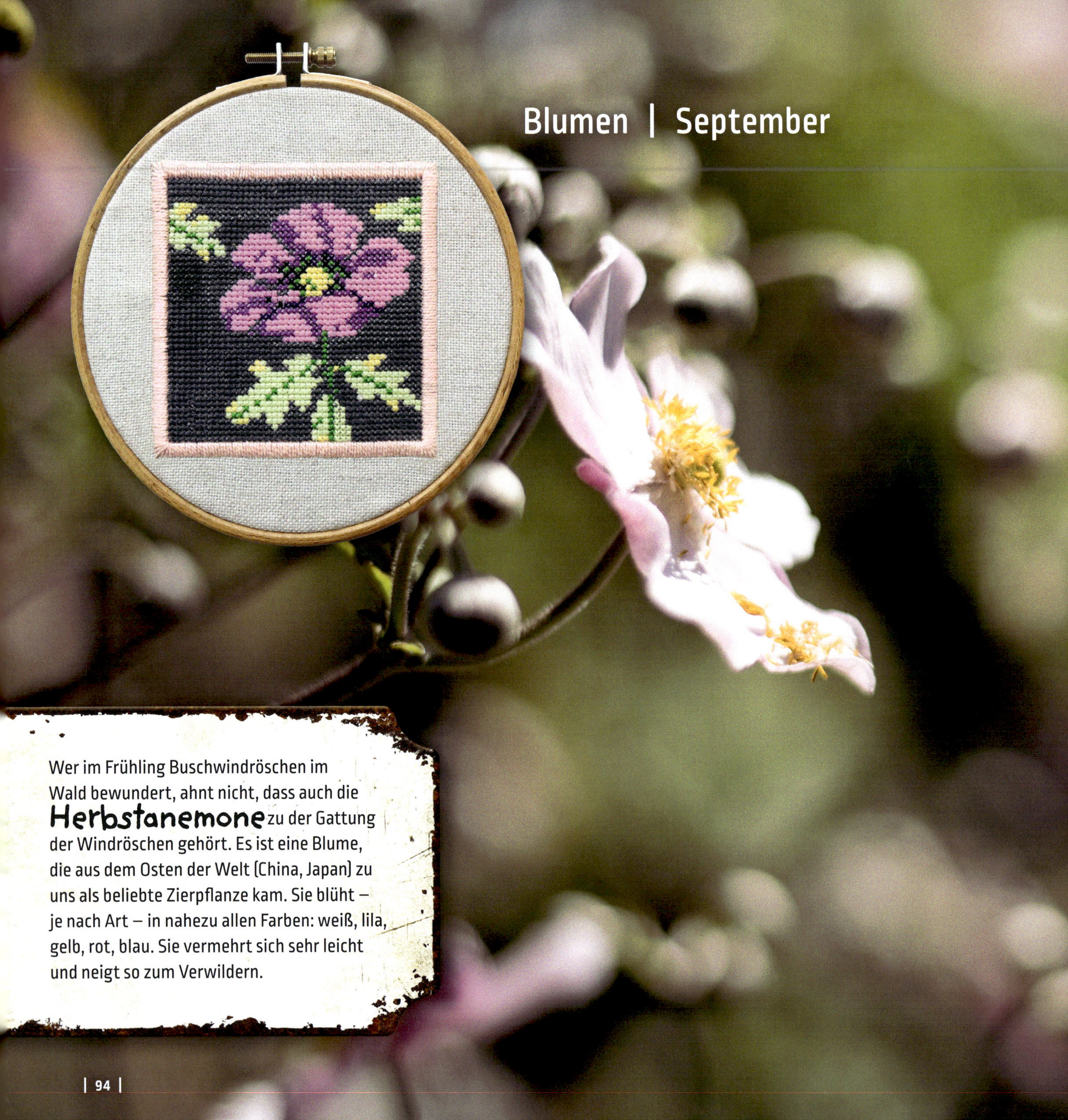

Wer im Frühling Buschwindröschen im Wald bewundert, ahnt nicht, dass auch die **Herbstanemone** zu der Gattung der Windröschen gehört. Es ist eine Blume, die aus dem Osten der Welt (China, Japan) zu uns als beliebte Zierpflanze kam. Sie blüht – je nach Art – in nahezu allen Farben: weiß, lila, gelb, rot, blau. Sie vermehrt sich sehr leicht und neigt so zum Verwildern.

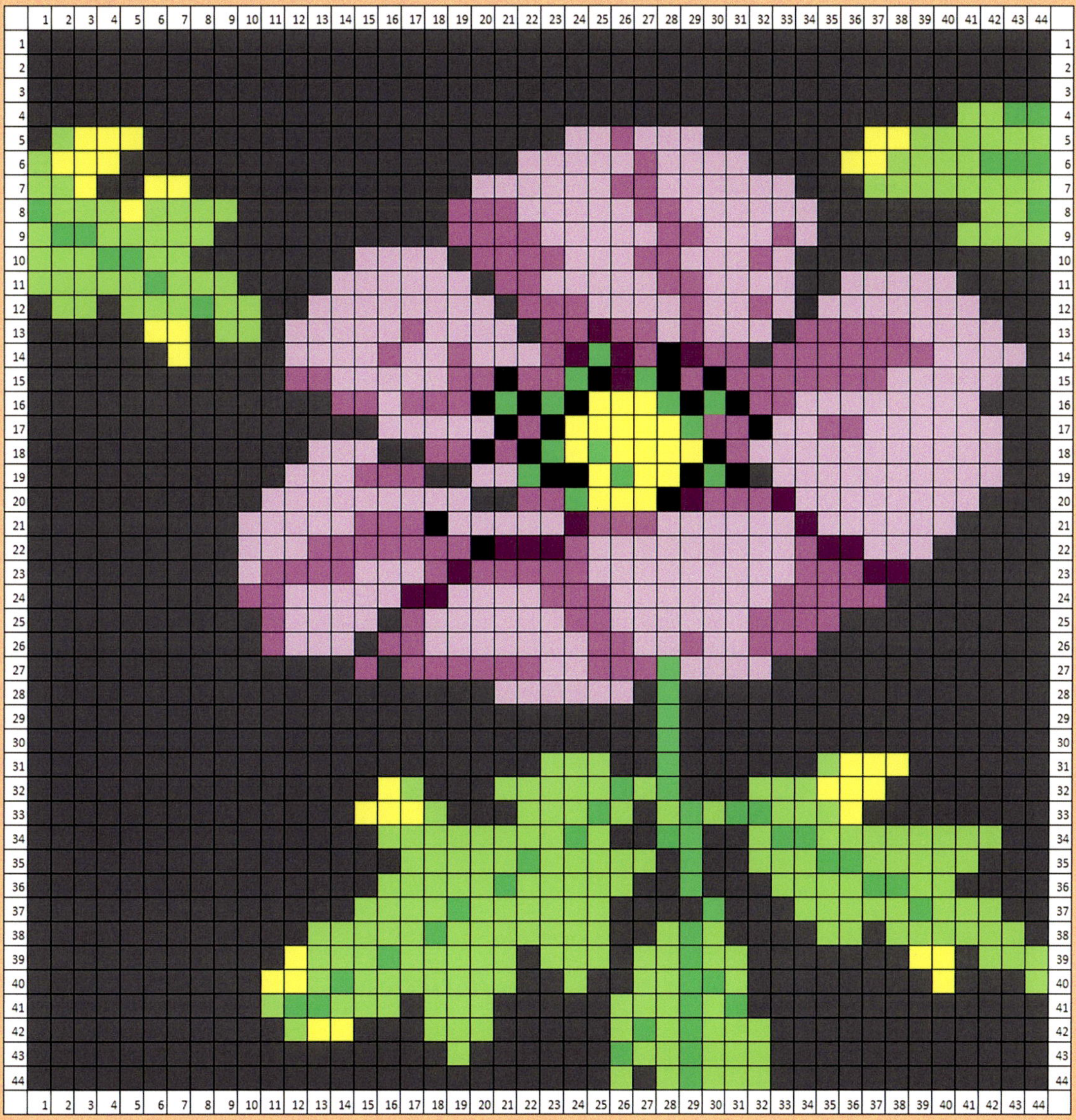

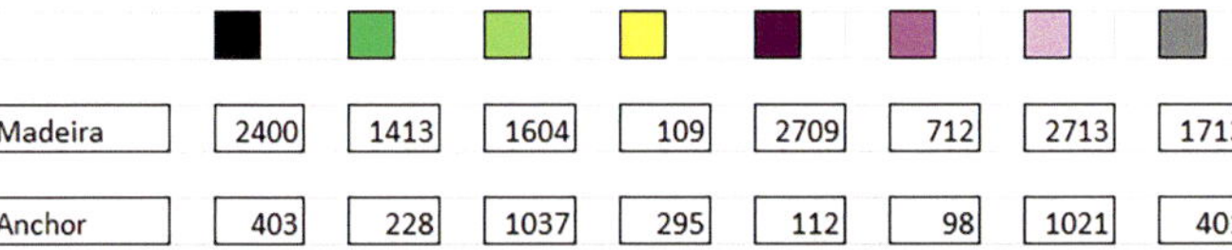

Madeira	2400	1413	1604	109	2709	712	2713	1713
Anchor	403	228	1037	295	112	98	1021	401

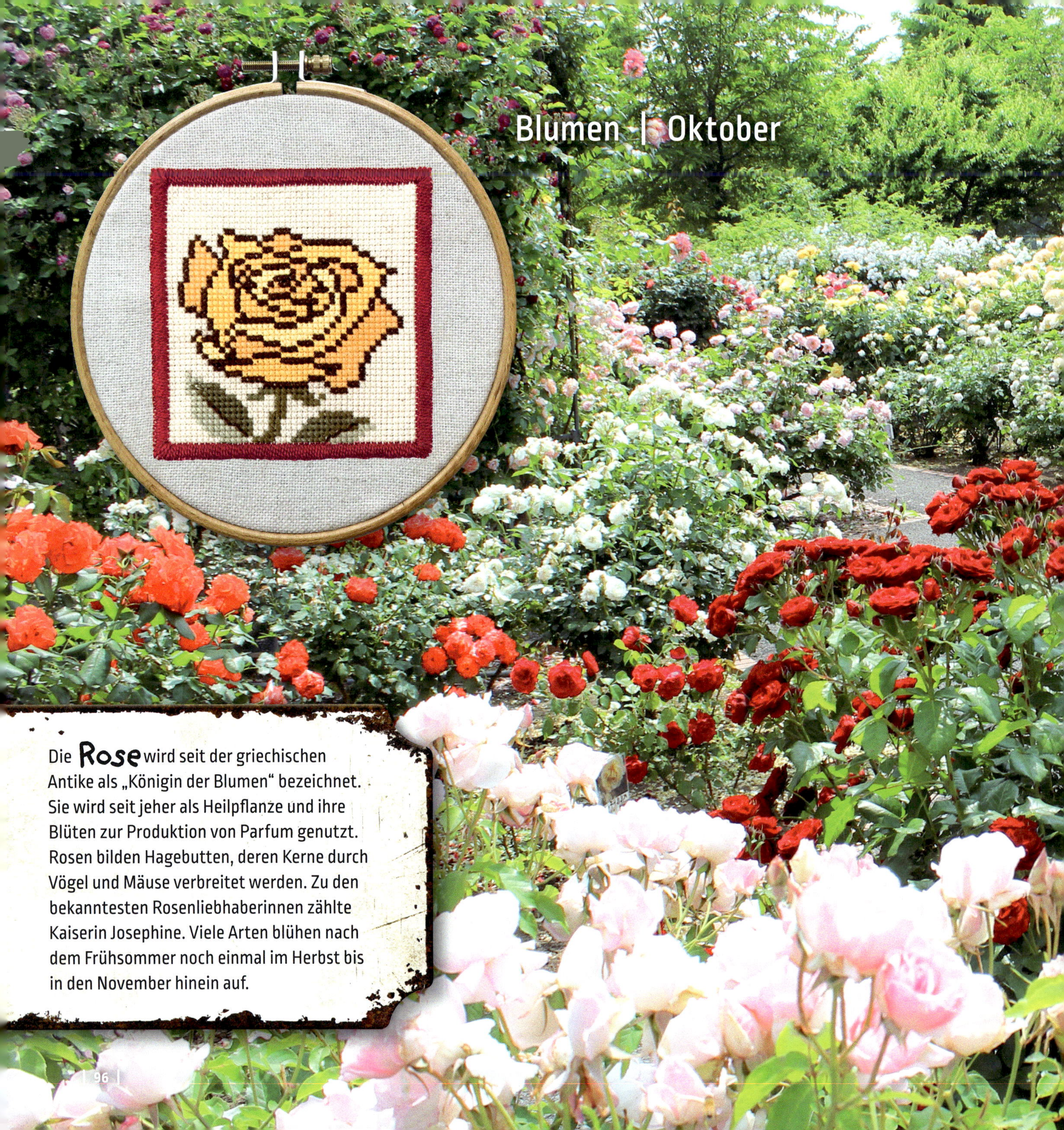

Die **Rose** wird seit der griechischen Antike als „Königin der Blumen“ bezeichnet. Sie wird seit jeher als Heilpflanze und ihre Blüten zur Produktion von Parfum genutzt. Rosen bilden Hagebutten, deren Kerne durch Vögel und Mäuse verbreitet werden. Zu den bekanntesten Rosenliebhaberinnen zählte Kaiserin Josephine. Viele Arten blühen nach dem Frühsommer noch einmal im Herbst bis in den November hinein auf.

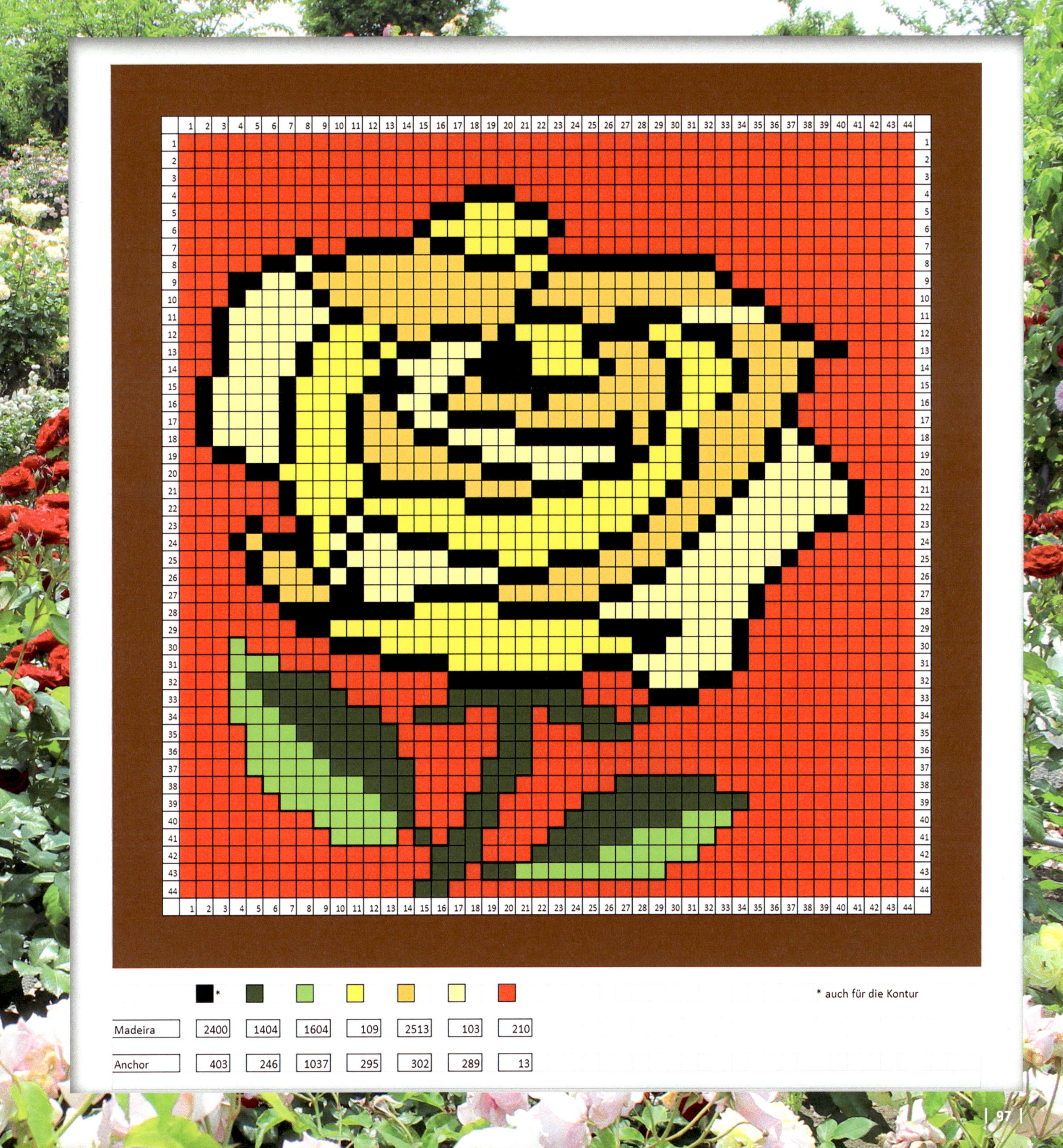
* auch für die Kontur
Madeira 2400 1404 1604 109 2513 103 210
Anchor 403 246 1037 295 302 289 13

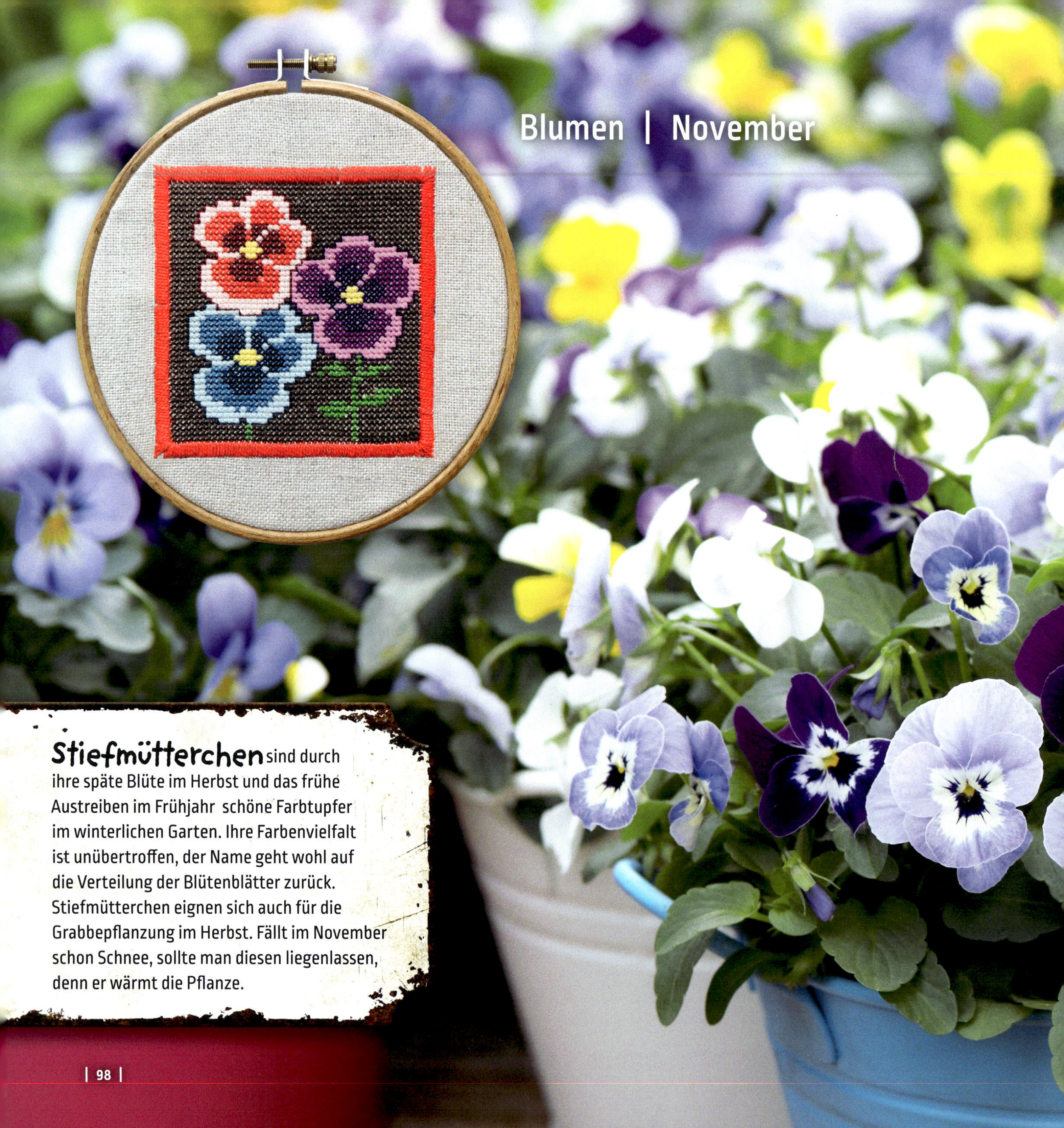

Stiefmütterchen sind durch ihre späte Blüte im Herbst und das frühe Austreiben im Frühjahr schöne Farbtupfer im winterlichen Garten. Ihre Farbenvielfalt ist unübertroffen, der Name geht wohl auf die Verteilung der Blütenblätter zurück. Stiefmütterchen eignen sich auch für die Grabbepflanzung im Herbst. Fällt im November schon Schnee, sollte man diesen liegenlassen, denn er wärmt die Pflanze.

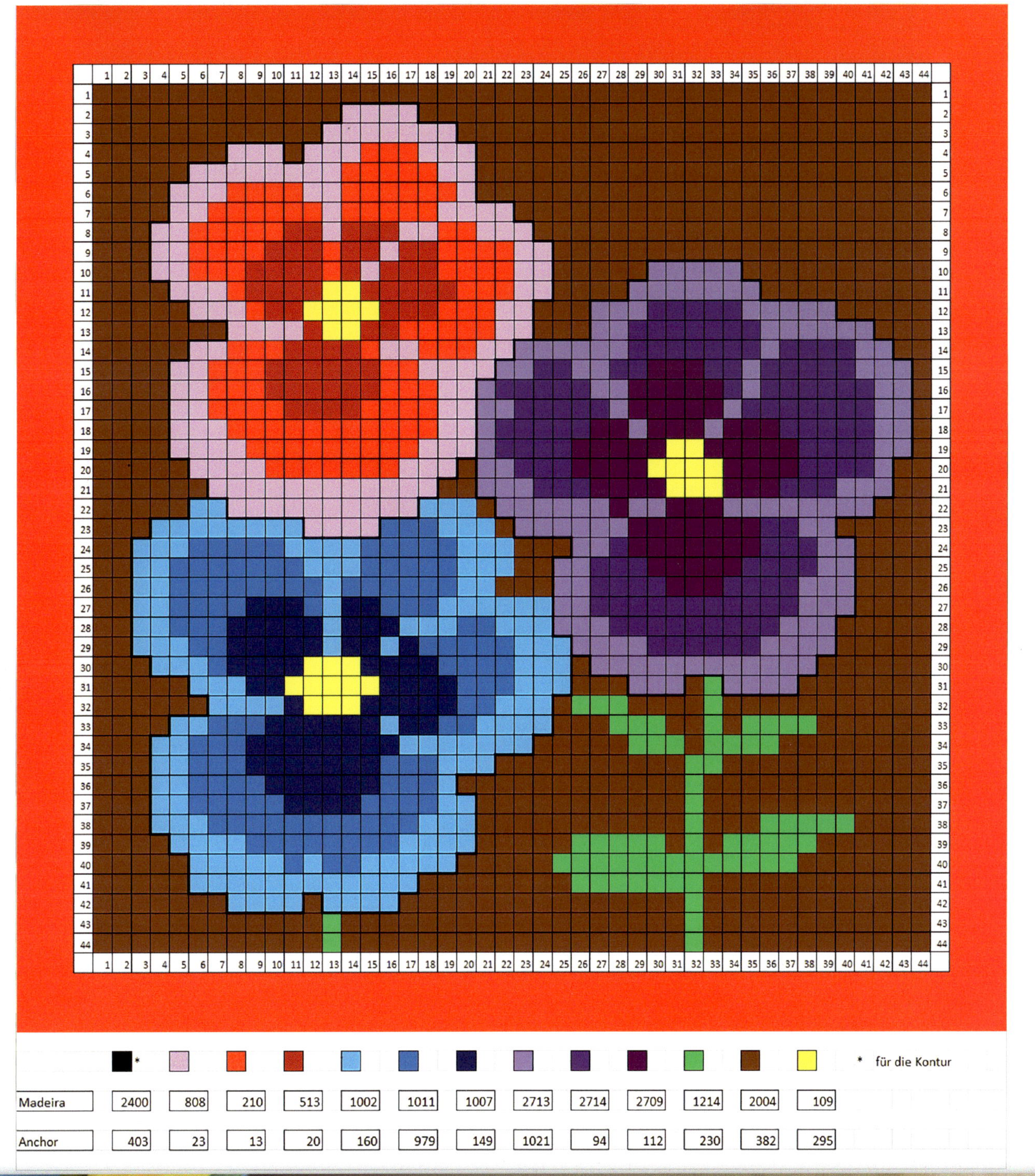

	*												
Madeira	2400	808	210	513	1002	1011	1007	2713	2714	2709	1214	2004	109
Anchor	403	23	13	20	160	979	149	1021	94	112	230	382	295

* für die Kontur

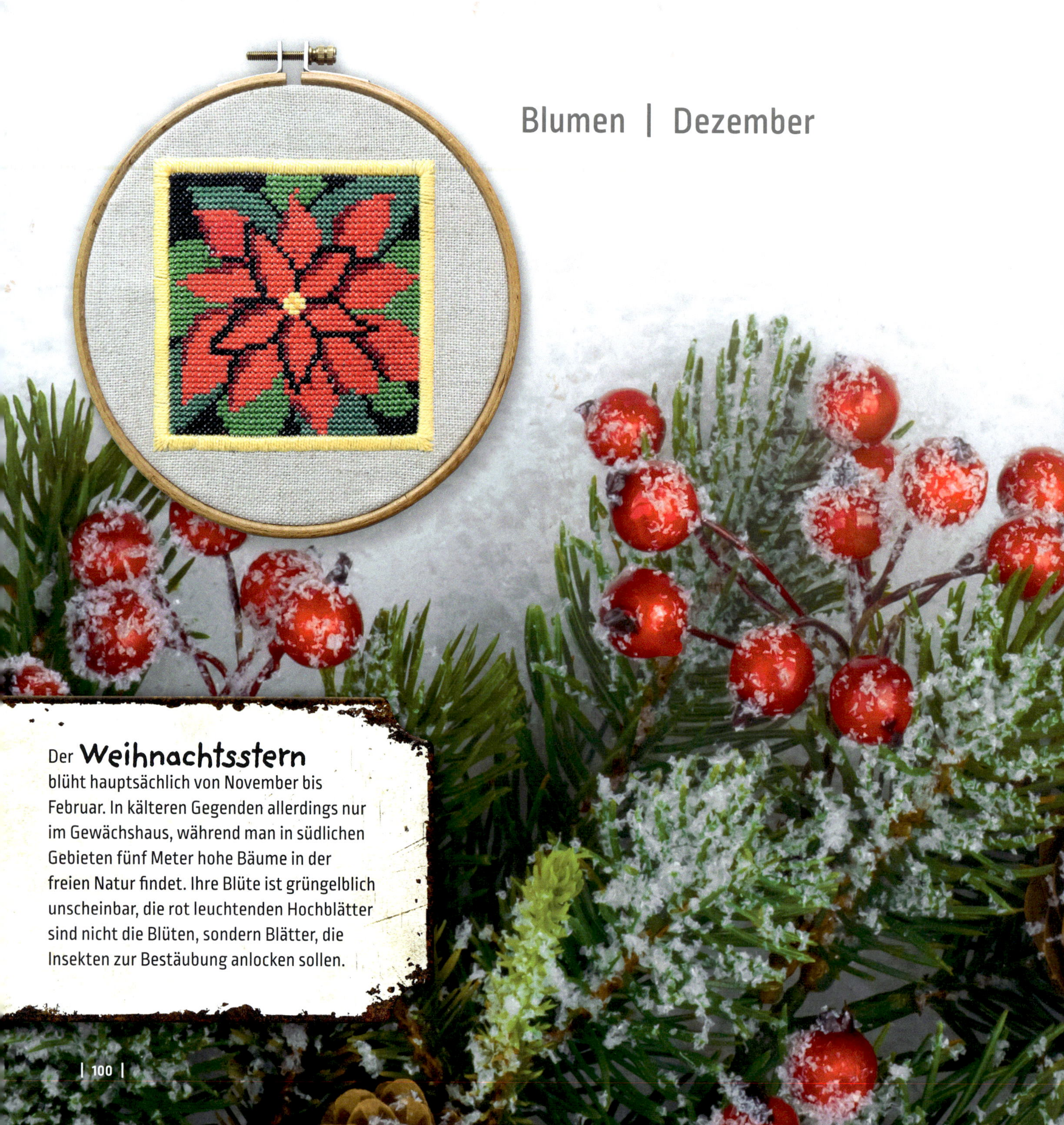

Der **Weihnachtsstern** blüht hauptsächlich von November bis Februar. In kälteren Gegenden allerdings nur im Gewächshaus, während man in südlichen Gebieten fünf Meter hohe Bäume in der freien Natur findet. Ihre Blüte ist grüngelblich unscheinbar, die rot leuchtenden Hochblätter sind nicht die Blüten, sondern Blätter, die Insekten zur Bestäubung anlocken sollen.

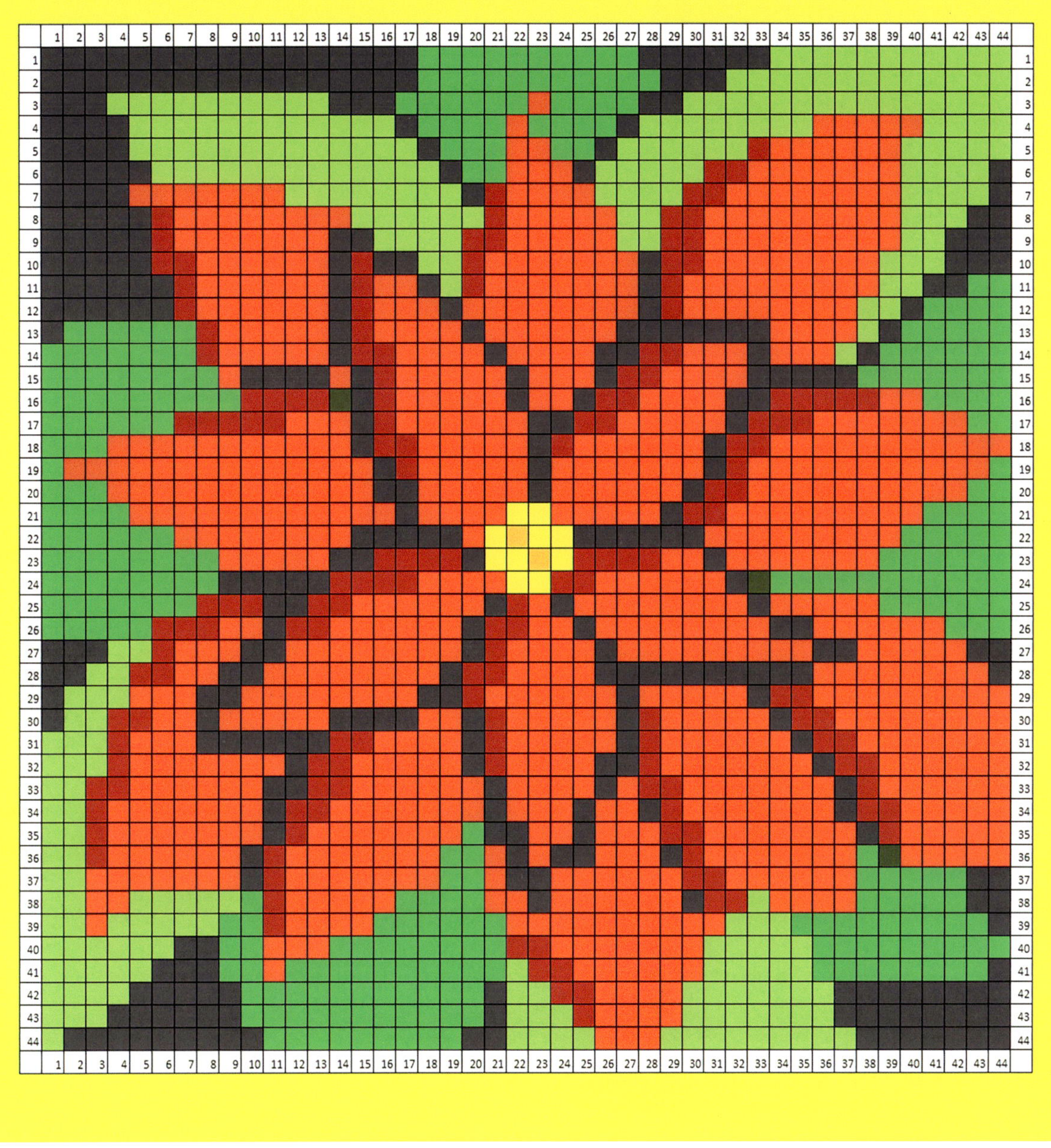

Madeira	2400	210	513	1413	1404	109	2513
Anchor	403	13	20	228	246	295	302

Schrift & Zahlen

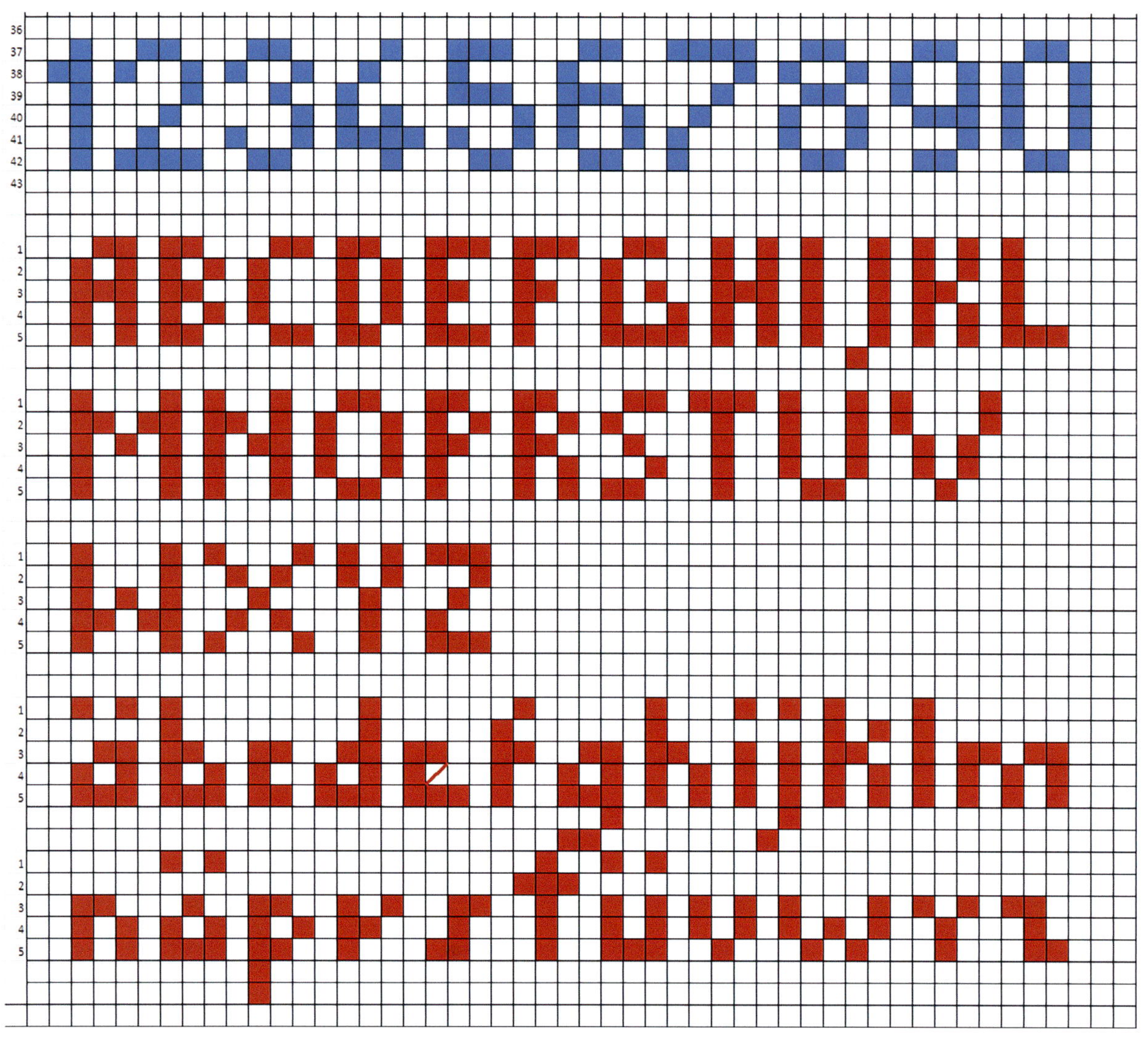

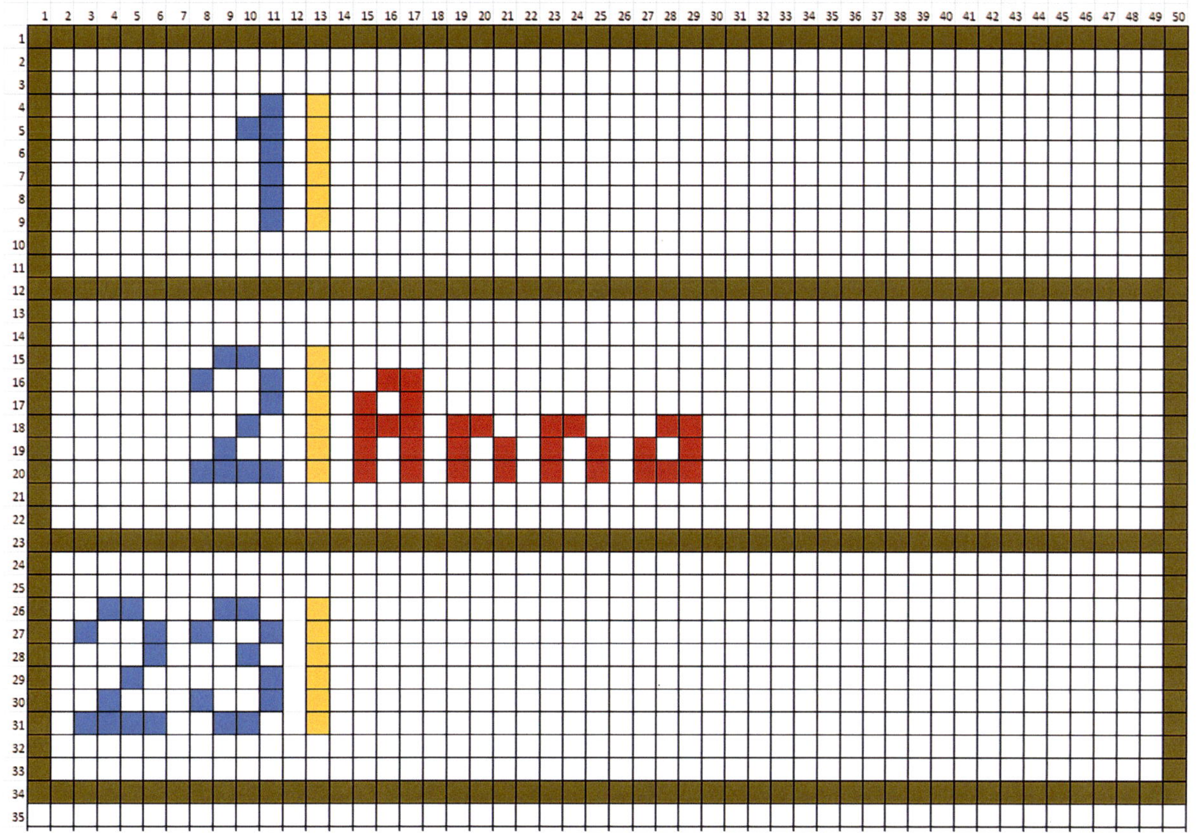

Jan.
Febr.
März
April

Mai
Juni
Juli
Aug.

Sept.
Okt.
Nov.
Dez.

Motive selbst gestalten

Zeichnen Sie das Motiv mit weichem Bleistift auf kariertes Papier mit 44 x 44 Kästchen. Jedes Kästchen wird später ein Kreuz. Hier können Sie durch Radieren etc. noch viel ändern.

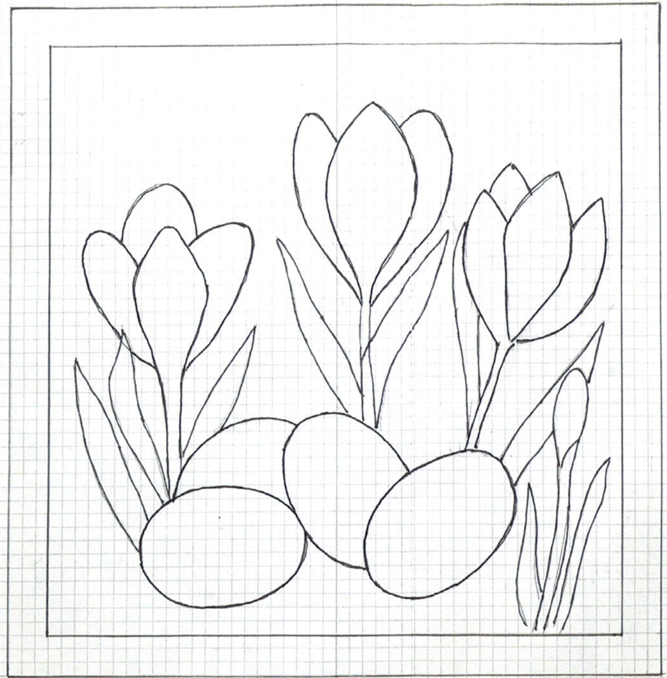

z. B. 4 Ostereier vor Krokussen

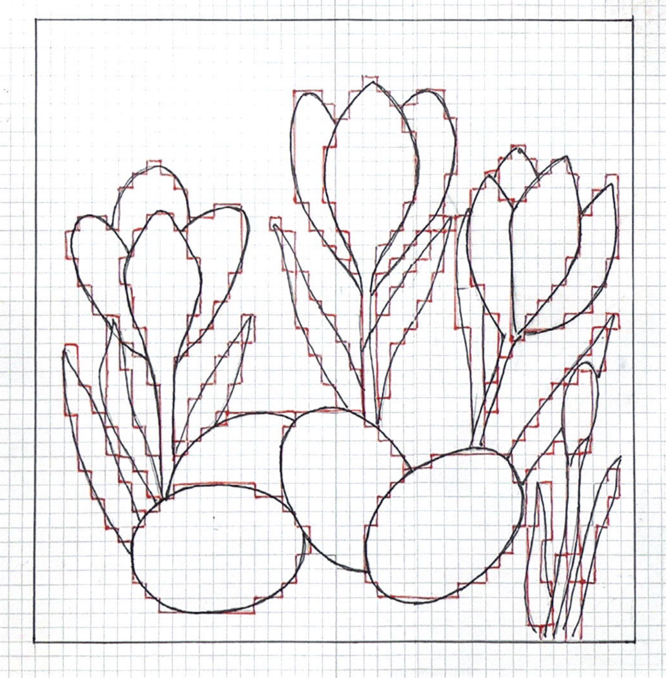

Ziehen Sie nun Striche entlang der vorgegebenen Kästchen des karierten Papiers. Wählen Sie jeweils die Kästchen-Linie, die Ihrer Bleistiftlinie am nächsten liegt. Siehe die roten Linien.

Dieses Bild können Sie nun mit Buntstiften kolorieren, oder in Excel übertragen:

Dazu lege ich in Excel 44 Zeilen und Spalten an:

Zeilenhöhe: 16,75

Spaltenbreite: 2,43

Dann gebe ich dem ganzen Quadrat eine Hintergrundfarbe:

Start – Füllfarbe (das Eimerchen) – Farbe auswählen.

Und übertrage die Skizze gemäß der roten Linien erstmal mehrfarbig in Excel:

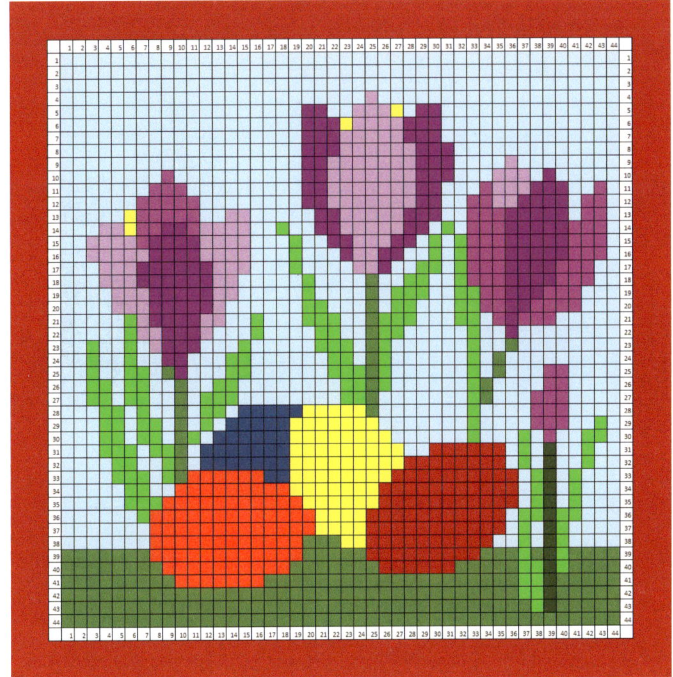

Das Kolorieren mache ich wieder mit der Füllfarbe-Funktion

Start – Füllfarbe (das Eimerchen) – Farbe auswählen.

Es gibt Unmengen von Farben, wenn Sie „weitere Farben“ auswählen.

Dann beginnt die Feinarbeit. Das Bild muss lebendiger werden durch Einfügen von Licht und Schatten. Hellere Farbe = Licht, dunklere Farbe = Schatten. Weiße Flecken = wo sich das Licht bricht.

z. B. so:

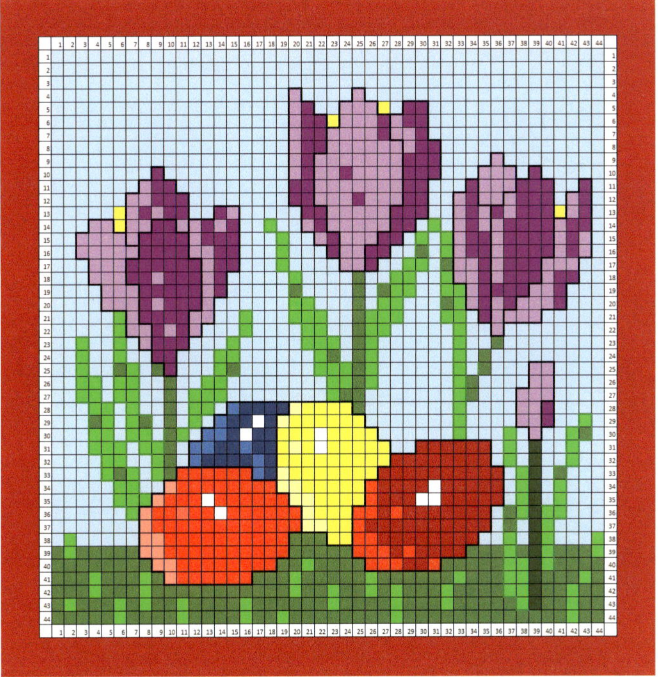

Fertig ist die Stickvorlage. Das Gute an der Bearbeitung in Excel ist, dass man durch Kopieren mehrere verschiedene Farbversionen gestalten kann, und man sich am Ende zum Sticken die Schönste auswählt.

Sie könnten damit beginnen, eigene Schmetterlinge zu entwerfen, indem Sie von dem Schmetterling in diesem Buch die Konturen übernehmen und eigene Fantasie-Farbgebungen gestalten.

Weitere Bücher im ökobuch Verlag

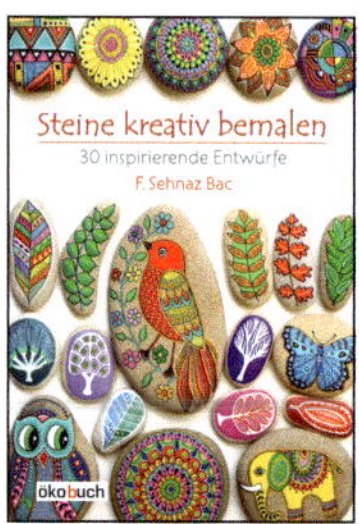

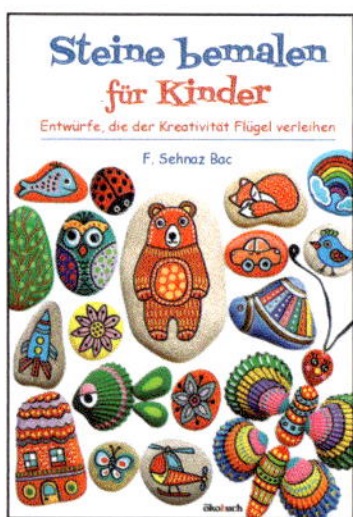

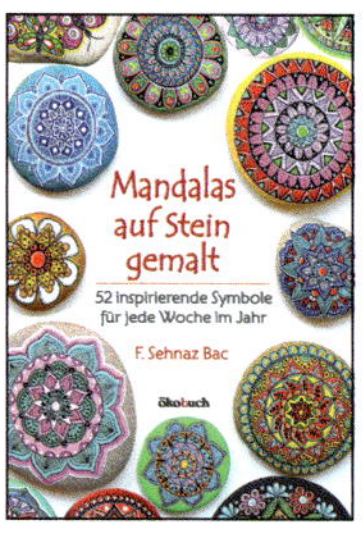

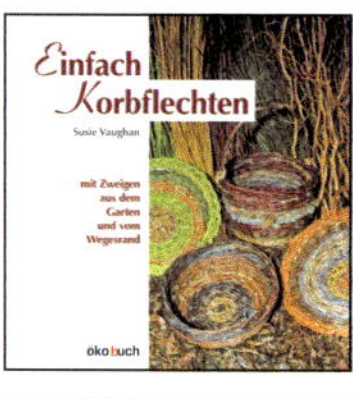

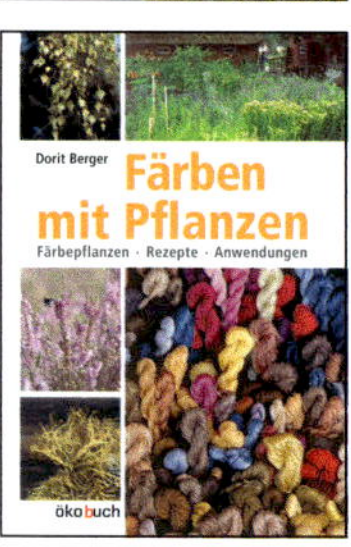

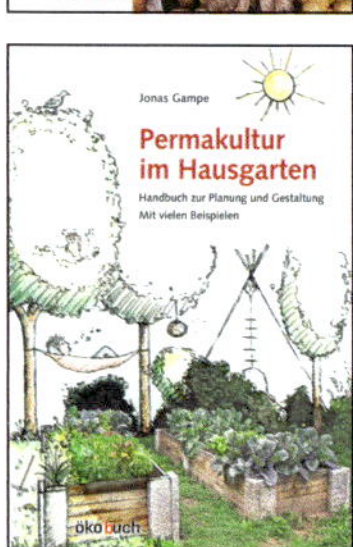

Steine bemalen

Steine – Fundstücke aus der Natur – in farbenfrohe Kunstwerke zu verwandeln, das gelingt mit dieser leicht nachvollziehbaren Anleitung. Die Autorin, eine bekannte Steinkünstlerin und erfahrene Archäologin, stellt hier Schritt-für-Schritt Anleitungen für 30 inspirierende Entwürfe vor. Von F. Sehnaz Bac. 96 Seiten, mit vielen farbigen Abbildungen, 13,95 €

Steine bemalen für Kinder

Kindgerechte Entwürfe, die der Kreativität Flügel verleihen. Das Buch liefert Vorlagen für den Einstieg in künstlerische Aktivitäten, zeigt in Schritt-für-Schritt-Anleitungen, wie mit einfachen Maltechniken, Formen und Strukturen kunstvolle und lustigbunte Steine gestaltet werden können. Von F. Sehnaz Bac. 96 Seiten, mit vielen farbigen Abbildungen, 13,95 €

Mandalas auf Stein gemalt

52 inspirierende Symbole für jede Woche im Jahr. In diesem Buch wird Schritt-für-Schritt gezeigt, wie Steine in ein inspirierende Mandalas verwandelt werden können – uralte Symbole, kraftvolle Motive! Von F. Sehnaz Bac. 126 Seiten, mit vielen farbigen Abbildungen, 16,95 €

Einfach Korbflechten

Korbflechten leichtgemacht. Hier wird gezeigt, wie mit Ruten und Zweigen vieler Sträucher, Hecken und Bäume aus dem Garten oder aus der freien Natur geschmackvolle Körbe in feinen Farbabstufungen selbst geflochten werden können. Von Susie Vaughan. 72 Seiten, mit vielen farbigen Abbildungen, 13,90 €

Bunte Körbe aus Gräsern und Kräutern

Die Technik des Korbwickelns neu entdeckt. Anleitungen zur Herstellung von bunten Körben durch Wickeln und Vernähen von Strängen aus heimischen Faserpflanzen. Mit vielen Schritt-für-Schritt-Anleitungen. Von Walter Friedl. 96 Seiten, mit vielen farbigen Abbildungen, 17,95 €

Schrott kreativ

Dieses Buch zeigt, dass Metallschrott mit etwas Phantasie weit mehr ist als Abfall. Nach einer kurz gefassten Abhandlung zu den Metallen, dem praktischen Umgang damit und den einschlägigen Bearbeitungstechniken, zeigt der Autor anhand zahlreicher Projekte und Beispiele, wieviel Nützliches, Praktisches und beinahe Künstlerisches sich aus Metallschrott herstellen lässt. Von Horst K. Wagner. 96 Seiten, mit vielen farbigen Abbildungen, 15,95 €

Färben mit Pflanzen

Färbepflanzen, Rezepte und Anwendung: Aufbereitung und Anwendung heimischer Färbepflanzen zum Färben von Wolle und Stoffen werden in zahlreichen Rezepten detailliert beschrieben. Von Dorit Berger. 96 Seiten, mit vielen farbigen Abbildungen, 14,95 €

Anders gärtnern

Permakultur-Elemente im Hausgarten. Ob Kräuterspirale, Krater- bzw. Hochbeet, Kartoffelturm, Wurmfarm oder Erdgewächshaus mit Hühnerstall, bei allem dient die Natur als Vorbild. Mit vielen Anleitungen für einen Hausgarten, in dem die Bereiche harmonisch zusammenwirken und sich gegenseitig fördern. Von Margit Rusch. 96 Seiten, mit vielen farbigen Abbildungen, 13,95 €

Mein kleiner Permakultur-Garten

300 kg Ernte auf 150 m2 Fläche mitten in der Stadt. Der Autor Josef Chauffrey beschreibt die Kultivierung eines Reihenhausgartens nach Permakultur-Prinzipien und zeigt, wie sich beachtliche Ernteerfolge an Obst u. Gemüse erzielen lassen. 110 Seiten, mit vielen farbigen Abbildungen, 14,95 €

Permakultur im Hausgarten

Wege zum eigenen Permakultur-Garten: Mit diesem Buch gibt der Autor einen Leitfaden an die Hand, wie ein Hausgarten Stück für Stück zum persönlichen und vielseitigen Permakultur-Garten gestaltet oder umgestaltet werden kann. Von Jonas Gampe. 144 Seiten, mit vielen farbigen Abbildungen, 16,95 €

Bunte Körbe aus Gräsern hergestellt

Die Technik des Korbwickelns neu entdeckt. Erstaunlich viele Pflanzen, die in unseren Gärten wachsen, sind als Material für die Korbherstellung geeignet. Die Arbeitstechnik ist anhand der Schritt-für-Schritt-Bildfolgen leicht zu erlernen, so dass mit etwas Übung viele schöne und ungewöhnliche Körbe selbst hergestellt werden können. Von Walter Friedl. 90 Seiten, mit vielen farbigen Abbildungen, 17,95 €

Korbflechten mit Altpapier

Eine Einführung in die Kunst des Korbflechtens,. Als Arbeitsmaterialien stehen Altpapier und Kunststoff-Verpackungsbänder zur Verfügung. Das Korbflechten mit gefalteten bzw. gerollten Papiersträngen und Kunststoffbändern folgt den gleichen Prinzipien wie das Flechten mit Weiden. Die Autorin zeigt, wie das Flechten leicht von der Hand gehen kann. Von Sylvie Bégot. 60 Seiten, mit vielen farbigen Abbildungen, 13,95 €

Unsere Bücher erhalten Sie in allen Buchhandlungen.
www.oekobuch.de · E-Mail: verlag@oekobuch.de

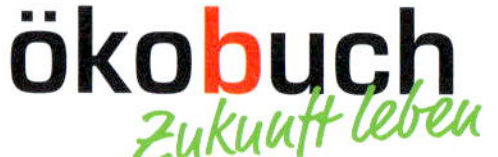